张 洁◇著

旅游目的地品牌真实性对
旅游者忠诚度的影响机制研究

『贵州推进打造世界级旅游目的地的路径研究』
2023年度贵州省社科联理论创新课题

西南财经大学出版社

中国·成都

图书在版编目(CIP)数据

旅游目的地品牌真实性对旅游者忠诚度的影响机制研究/张洁著.—成都:西南财经大学出版社,2023.8
ISBN 978-7-5504-5879-6

Ⅰ.①旅…　Ⅱ.①张…　Ⅲ.①旅游地—品牌—影响—旅游消费—消费心理学—研究　Ⅳ.①F590.3②F590.8

中国国家版本馆 CIP 数据核字(2023)第 134866 号

旅游目的地品牌真实性对旅游者忠诚度的影响机制研究
LÜYOU MUDIDI PINPAI ZHENSHIXING DUI
LÜYOUZHE ZHONGCHENGDU DE YINGXIANG JIZHI YANJIU
张　洁　著

策划编辑:高小田
责任编辑:高小田
责任校对:王甜甜
封面设计:墨创文化
责任印制:朱曼丽

出版发行	西南财经大学出版社(四川省成都市光华村街 55 号)
网　　址	http://cbs.swufe.edu.cn
电子邮件	bookcj@ swufe.edu.cn
邮政编码	610074
电　　话	028-87353785
照　　排	四川胜翔数码印务设计有限公司
印　　刷	郫县犀浦印刷厂
成品尺寸	170mm×240mm
印　　张	9
字　　数	152 千字
版　　次	2023 年 8 月第 1 版
印　　次	2023 年 8 月第 1 次印刷
书　　号	ISBN 978-7-5504-5879-6
定　　价	62.00 元

前言

　　近年来，随着社会经济的不断发展，人们对精神文化方面的需求日益提升。这一态势促进了中国国内和国际旅游业的快速发展。但是2020年年初新型冠状病毒感染疫情大规模暴发后，各行各业都受到严重的影响，旅游行业也受到了前所未有的强烈冲击，中国各地的旅游景区都力图通过各自的方式以求在这一艰难的环境当中"活下来"。作为旅游业发展的重点方向，打造旅游目的地品牌不失为一个在旅游市场中长久发展的良策。目的地独有的个性和特征是旅游目的地品牌打造过程中最为关键的部分。对于旅游目的地的品牌营销而言，品牌塑造的个性和特征已成为其将自身与其他景区相区分开的主要竞争方式之一。因此，如何利用旅游目的地独有的品牌效应来吸引旅游者前来游玩，并在旅游体验后建立一定的忠诚关系，提升重游意愿和推荐意愿，是目前旅游目的地发展的关注重点。

　　运用目的地品牌效应促进旅游发展的典型代表是位于贵州省黔东南苗族侗族自治州雷山县的西江千户苗寨。西江千户苗寨是中国乃至全世界最大的苗族聚居村寨。自2008年成功开发以来，西江千户苗寨无论是旅游者人数还是旅游收入，都呈逐年递增的趋势。尤其是近几年西江千户苗寨在中国的知名度和美誉度也得到了显著的提升，这不仅增强了西江千户苗寨这一旅游景点的吸引力，也在一定程度上促进了当地经济的发展。西江千户苗寨独特的品牌真实性效应打破了外部环境的制约，与其他地区的景区相比依旧吸引了中国各地的旅客，创造了独树一帜的旅游奇景。因此，如何深入挖掘西江千户苗寨的品牌真实性效应，以此建立游客的忠诚，从而增强旅游者的重游意愿和推荐意愿，同时达到利益最大化，促进当地旅游业发展，是本书的研究重点。

　　本书的主要目的是探究旅游目的地品牌真实性中所呈现的内容给游客的真实性体验产生的影响，从而了解游客对旅游目的地品牌真实性、契合度的认识以及其对旅游者对品牌忠诚度的影响，得出旅游目的地真实性开发的重要意义，以及如何提高游客的品牌契合度，最终来提高游客的满意度，实现旅游目的地品牌宣传和传播的可持续发展。具体来讲，本书以贵州省西江千户苗寨为研究对象，从目的地品牌真实性角度切入，将目的地品牌契合和品牌信任引入本书的研究分别作为中介变量和调节变量，分析目的地品牌契合度、旅游者的重游意愿和推荐意愿、旅游者对目的地品牌忠诚度之间的影响，并通过研究得出以下主要结论：①旅游目的地品牌的真实性是旅游目的地品牌契合、旅游者重游意愿和推荐意愿的关键驱动力；②旅游目的地品牌契合在目的地品牌真实性与旅游者重游意愿、推荐意愿、旅游者忠诚之间的关系中起着完全中介作用；③品牌信任在目的地品牌真实性与品牌契合度之间起着调节作用。

本书结合西江千户苗寨经营发展现状与研究调查结果进行分析，认为在旅游体验中，旅游企业和旅游管理者想要更好地提升游客对所选择的旅游目的地的忠诚度，以此来实现旅游目的地的可持续发展。旅游企业和旅游管理者不仅要在旅游服务品质方面下功夫，而且要及时了解旅游者的满意度等管理类变量。此外，旅游企业和旅游管理者还需要注重保护和塑造旅游目的地的地方性，遵循保持原真性的原则并开发创新营销战略，以此来提升旅游者的涉入程度，让旅游者能够产生地方依恋，激发其重游意愿和推荐意愿，培育和强化旅游者的契合度，也以此来拓展旅游的可持续发展。

张洁

2023 年 8 月

Preface

In recent years, with the continuous development of the social economy, people's demand for spiritual and cultural aspects is increasing day by day, this trend has contributed to the rapid development of China's domestic and international tourism industry. However, after the large-scale outbreak of the COVID-19 in early 2020, all walks of life have been seriously affected, and the tourism industry has also been hit hard as never before. Tourist attractions across China are trying their best to find their way in this difficult epidemic environment. Among them "survive" is a key direction of tourism development, and building a tourism destination brand is a good strategy for long-term development in the tourism market. The unique personality and characteristics of a destination are the most critical part of the process of brand building of a tourist destination. For the brand marketing of a tourist destination, the personality and characteristics of the brand building have become one of the main ways of competition to distinguish it from other scenic spots. Therefore, how to use the unique brand effect of tourist destinations to attract tourists to play in the post-covid era, and to establish a certain loyalty relationship after the tourist experience, enhance the willingness to revisit and recommend, the focus of attention is the current development of tourist destinations.

Xijiang Qianhu Miao Village located in Leishan County, Qiandongnan Miao and Dong Autonomous Prefecture, Guizhou Province, is the largest Miao Village in China and even in the world. It is also a typical representative of promoting tourism development with destination brand effect. Since its successful development in 2008, both the number of tourists and tourism revenue in Xijiang Qianhu Miao Village have been increasing year by year. Especially in recent years, the popularity and reputation of Xijiang Qianhu Miao Village in China have also been significantly improved, which not only enhances the attractiveness of Xijiang Qianhu Miao Village as a tourist attraction but also the development promotes the local economy to a certain extent. In the post-covid era, the unique brand authenticity effect of Xijiang Qianhu Miao Village has broken the constraints of the external environment. Compared with other scenic spots in other regions, it still attracts tourists from all over China, creating a unique tourism wonder. Therefore, how to deeply dig into the brand authenticity effect of Xijiang Qianhu Miao Village, to establish the loyalty of tourists, to enhance the willingness of tourists to revisit and recommend, and at the same time to maximize the benefits and promote the development of local tourism is the current issue. This is the focus of the research of this article.

The main purpose of this article is to explore the impact of the content presented in tourism destination brand authenticity on tourists' experience of authenticity, to understand tourists' perceptions of destination brand authenticity and fit, and their loyalty effects perception of tourists' perception of brand authenticity. Thus, the significance of the authenticity development of tourist destinations and how to improve the brand fit of tourists can be obtained, to improve the satisfaction of tourists and realize the sustainable development of tourism destination brand promotion and communication. Specifically, this article takes Qianhu Miao Village in Xijiang, Guizhou Province as the research object, from the perspective of destination brand authenticity, and introduces destination brand fit and brand trust into the research as mediating variables and moderator variables, respectively, to analyse the destination brand fit, degree, tourists' willingness to revisit and recommend, and tourists' loyalty to destination brands, and the following main conclusions are drawn through the study: (1) The authenticity of the tourism destination brand is the brand fit of the tourism destination, the key driving force of tourists' willingness to revisit and recommend; (2) Destination brand fit plays a complete intermediary role in the relationship between destination brand authenticity and tourists' willingness to revisit, recommend, and loyalty; (3) Brand trust plays a moderating role between destination brand authenticity and brand fit.

Therefore, this article based on the current situation of the management and development of Qianhu Miao Village in Xijiang and the research findings, believes that in the tourism experience, tourism companies and tourism managers want to better enhance tourists' loyalty to the selected tourism destination, to improve the tourism experience. To achieve the sustainable development of tourism destinations, tourism enterprises and tourism managers must not only work hard in terms of tourism service quality but also keep abreast of management variables such as tourist satisfaction. In addition, it is also necessary to focus on protecting and shaping the locality of tourist destinations, following the principle of maintaining authenticity and developing innovative marketing strategies, to increase the level of involvement of tourists, so that tourists can generate local attachment and stimulate the willingness to revisit and recommendation willingness, cultivate and strengthen the fit of tourists, and also use this to expand the sustainable development of tourism.

Zhang Jie

August, 2023

目录

1 绪论

随着社会经济的不断发展，人民的生活水平日益提高，在物质生活得到了极大的满足的同时，人们对精神生活的需求逐渐加大。而旅游作为一种结合了多种精神活动的载体，受到了人民大众的偏爱，因此近年来旅游业的发展势头相当迅猛。而且人们休闲度假的旅游形式也由原来的较为传统的旅游方式逐渐转变为更多元化、更高层次的旅游方式（郭伟锋 等，2011）。与此同时，随着旅游产业的蓬勃发展，整个行业的竞争也日益激烈。有研究表明，在未来旅游业发展中，不同景区或景点所面临的竞争是多种多样的，其中最重要的是在旅游品牌方面的竞争。因此，能否将某一旅游目的地品牌化已成为衡量该旅游目的地能否在旅游市场中脱颖而出的重要指标（徐燕 等，2017）。但是，旅游目的地品牌有别于实物品牌和服务品牌，其本质为一种地理空间品牌，其品牌效应的直接表现则主要体现在旅游者品牌忠诚度上，这也是现阶段学者们对旅游目的地品牌研究的重要内容（陶犁 等，2021）。此外，旅游目的地品牌不同于实物品牌和服务品牌的特性，激发了学者们对其研究的热情，但是其本质也决定了旅游目的地品牌忠诚研究上的特殊性（皮平凡，2021）。例如，从消费者的角度研究如何塑造良好、成功的旅游品牌形象，以此来增强旅游目的地品牌契合度以及品牌真实性，对于旅游企业和旅游管理者来说是至关重要的。这不仅能使旅游目的地品牌在激烈的旅游市场竞争中脱颖而出，而且能够使旅游体验者感受到应有的良好旅游体验。因此，旅游目的地品牌建设和塑造是现在旅游产业发展中时刻关注的重要目标（张位锋，2018）。虽然已有学者对旅游目的地品牌真实性、品牌契合度与旅游者忠诚度进行了一定的研究，但是这几个关键因素的关系并不明确。而对如何利用旅游目的地品牌真实性、品牌契合度促进旅游目的地的发展，提升游客的忠诚度进而提升游客的重游意愿和推荐意愿的相关研究则更是稀少。因此,我们有必要进一步探究它们之间的关系,以此为更好地建设和塑造旅游目的地品牌以及发展旅游产业提供理论支持和实践启示。

1.1 研究背景

1.1.1 现实背景

21 世纪以来,随着中国经济的快速发展,中国居民的可支配收入不断提升,人们在物质生活得到极大满足的同时,对精神生活的需求也逐渐提高。旅游作为一种精神需求的消费活动,在众多精神活动中得到了广大消费者的青睐(戴斌,1996;崔杰,2008)。旅游业的发展已经为全球经济的发展注入了强劲的动力。世界旅游及旅行理事会(WTTC)公布的研究报告指出,旅游经济的增加值对全球 GDP 的贡献超过其他行业,已经成为世界第一大产业(李留青 等,2007)。近年来,旅游业在中国的发展势头迅猛,中国政府也大力倡导通过发展旅游业来推动国民经济的增长。2020年年初,一场突如其来的新型冠状病毒感染疫情在中国暴发,改变了人们的消费结构和消费习惯,旅游行业的各项收入严重缩水,旅游行业,尤其是出境游受到严重的冲击(朱凌玲,2020)。因此,2020 年旅游行业进行不断的探索,无论是缩小规模还是削减业务,都是试图"熬过寒冬",争取能够在激烈的竞争当中"活下来"。2021 年下半年,文化和旅游部办公厅印发《关于推进旅游企业扩大复工复业有关事项的通知》,全面指导旅游企业的复工复产工作(伍汐,2017)。受相关政策调控和政府的扶持,中国各地的旅游目的地逐渐放宽接待游客量承载量上限,从 30%增长为50%。尤其是 2020 年国庆中秋双节的小长假,接待游客承载量直接上调为75%。中国国内相关媒体报道显示,作为受新冠病毒感染疫情影响后的首个超长 8 天假期,中国国内消费者出游热情高涨,2020 年国庆和中秋双节假日期间,中国共接待国内游客 0.97 亿人次,按可比口径同比恢复73.8%;实现旅游收入 766.5 亿元,按可比口径同比恢复 68.9%。和端午假期首日的 1 727.6 万出游人次相比,国庆中秋假期首日出游人次增长461.47%。由此可见,中国旅游行业复苏一片向好。此外,2020 年中国是全球主要经济体中唯——个实现经济正增长的国家,这也为旅游市场的复苏打了一针强心剂。截至 2021 年上半年，中国国内旅游总人次 18.71 亿人次，比上年同期增长 100.8%（恢复到 2019 年同期的 60.9%），中国国内旅游收入（旅游总消费）1.63 万亿元，比上年同期增长 157.9%（恢复到 2019 年同期的 58.6%）。因为受到新冠病毒感染疫情的反复影响，2020 年中国国内旅游行业总收入为 22 286 亿元，同比下降 61.07%；旅客数量仅有 28.8 亿人次。我国居民人均旅游消费额稳定占人均可支配收入比例从 3% 以上下降到 1.14%。大量的景区景点面临关门，传统旅游业发展处于低迷状态，线下交易低迷的状态同时促进了旅游业新的发展态势：数字化、互联网内容社区、平台、无接触服务成为今后旅游业发展的新趋势（金博宇 等，2019）。由此可见，新冠病毒感染疫情对于旅游业的发展而言，既是一种挑战，也是一种机遇。旅游者旅游体验的需求已经发生了巨大的转变，不再是仅仅满足于游览观光的需求，而是一种向情感上追求以及个性化需求的重大转变，即由原来的游览观光需求逐步转变为追求情感上的需求以及个性化需求，而且体验性消费也逐步向普通化、差异化、丰富性、人性化等方向发展（王荣珍，2012；李善诗，2016）。旅游者已经从原来追求浅层次的旅游需求向精神情感方面的深层次旅游体验需求转变（Ekinci Y et al.，2006）。因此，在这样的需求背景下，旅游者在旅游景点的选择上，更加倾向于选择与旅游目的地契合度高的旅游景点。与此同时，近年来交通网络的快速发展，推动了旅游业的发展，这不仅为游客的出行提供了便利，也扩大了旅游者的出行范围，从而导致不同旅游目的地之间的竞争逐渐加剧（Blain C et al.，2005；Ekinci Y et al.，2006）。通常来说，旅游目的地品牌能够反映目的地的个性和特征，这也是其区别于其他品牌的重要标志，而目的地品牌个性已成为旅游目的地品牌化建设的关键要素（Kladou S et al.，2017；汪京强 等，2018）。对于目的地营销而言，品牌塑造已成为区分目的地与其他竞品的主要工具（Dedeoğlu et al.，2019）。区别于其他产品或服务品牌，目的地品牌不仅可以识别目的地，传达与目的地相关的愉悦旅行体验，而且可以强化这种体验（Hankinson et al.，2004；Blain et al.，2005）。因此，如何塑造目的地品牌并且通过品牌效应来吸引旅游者前往，在体验后建立忠诚的关系，将逐步成为企业关注的重点（Dedeoğlu et al.，2019）。

位于贵州省黔东南苗族侗族自治州雷山县的西江千户苗寨由于其独特的品牌优势，在众多景区当中脱颖而出，做到了新冠病毒感染疫情期间的逆势增长。作为中国乃至世界最大的苗寨，西江千户苗寨无论是建筑布局还是民俗风情都保存完好，有"中国苗都"之美誉，曾先后获得国家级非物质文化遗产、中国旅游十佳旅游镇（村）、中国优秀国际乡村旅游目的地等美誉。由于西江千户苗寨内约有 13 000 户人家，居民近 6 000 人，为中国最大、最典型的苗寨，因此被称为"千户苗寨"（张婧，2016）。近年来，随着旅游产业的不断发展壮大和快速发展，西江千户苗寨也紧随发展的潮流，完善基础设施建设，积极关注苗族文化的保护与传承，其知名度显著提高，年游客接待量也不断增加。据贵州省雷山县文体广电旅游局统计，2019 年国庆长假期间，西江千户苗寨共接待游客 24.97 万人次，旅游综合收入达 23 032.41 万元。2019 年全年接待游客量就超 600 万人次，旅游综合收入高达 50 亿元。这表明近年来西江千户苗寨无论是从旅游总收入还是旅游人数，都取得了显著的增加。由此可见，西江千户苗寨通过刺激消费不仅大幅度带动了苗寨的经济发展，而且也增加了就业，从而也促进整个社会向前发展（胡顺利，2004；毕斗斗，2005）。2008 年以前，整个西江千户苗寨的村民基本以传统农业为生，农忙时节在家务农，农闲的时候则外出打工，据统计全寨有超过 1 500 人外出打工。2008 年，随着第三届贵州旅游产业发展大会的召开，西江千户苗寨文化研究院以及贵州省西江千户苗寨文化旅游发展有限公司牵头，开辟了西江千户苗寨全新的乡村发展道路。伴随着旅游业的开发，外出打工村民也逐渐回流。2017 年，西江千户苗寨全体村民通过制度性收益、资产性收益、劳务性收益和经营性收益四大收益手段，人均年收入达到了 22 100 元，每户年收入达到了 86 190 元，人均年收入较 2007 年相比增长了 12 倍（杨政宁，2019）。同时，旅游业的发展解决了西江千户苗寨及周边村寨几千名村民的就业问题。西江千户苗寨大力发展了养殖业、种植业，不仅增加了村民的收入，而且对雷山县县域经济的发展也产生了积极的推动作用。2020 年政府调查发现，大部分西江千户苗寨的农户已购置了冰箱、彩电等基本的家电，居民生活环境已得到了大幅度的改善和提升，原先的旱厕也基本都改造成水冲式卫生间，且配备了 24 小时供应热水的洗澡间，西江千户苗寨人民的生活质量已今非昔比。西江千户苗寨居民屋的真实环境如图 1.1 所示。

图 1.1　西江千户苗寨居民屋的真实环境

作为以"政府主导型"模式发展起来的旅游产业，西江千户苗寨通过自身的探索和总结，已形成良好的发展模式，这不仅为当地的经济发展起到了巨大的推动作用，与此同时也实现了良好的社会效益（费广玉 等，2009；刘又堂，2018）。2020 年年初，新冠病毒感染疫情暴发，严重影响了旅游业的发展，旅游黄金周中国国内游、出入境游市场受到严重的影响。但从长期来看，旅游危机中也存在着转机，中国国内旅游业逐步复苏，贵州省黔东南州的西江千户苗寨无论是旅游人数还是旅游总收入，都显著增加，同时，其国际知名度以及美誉度也得到了显著的提升，大幅度促进了贵州省黔东南州旅游业发展（贺祥 等，2013）。当然，伴随着旅游经济的快速发展，其他问题也相继出现。比如旅游业的大力发展对当地的风土人情、自然资源的维护、环境治理、原住居民生活保障等带来了巨大挑战（曾光敏 等，2007；陈懿，2017）。相关部门通过对西江千户苗寨的空气质量、土壤质量等进行了连续多年的监测，发现该地区空气质量、土壤质量指标均未达到国家一级标准。此外，由于旅游业的发展，游客数量的剧增导致该地区部分水域出现轻度污染现象（雷欣欣，2011）。鉴于此，雷山县政府针对以上问题也给出了相应的解决措施，即对进入西江千户苗寨景区的人流进行严格管控、对环境污染进行监督和整治，以及对若干风貌建筑进行修缮和保护，以保证其旅游资源的原真性和安全性，争取旅游者能够体验到当地文化与服务（蔡茜 等，2019）。例如，雷山县制定了《雷山县旅游业可持续发展管理办法》《雷山县旅游开发与建设项目若干规定》等相关规定。西江千户苗寨原住居民在对苗寨宣传上也有一定的办法，他们通常会以游客入住的民宿、景区的餐饮文化，以及具有苗寨特色的商铺设计等多种载体和形式向前来的旅游者宣传苗寨的历史和民俗，以此向旅游者展示独特的苗族文化，在此基础上与旅游者形成一种良好的互动。这在激活了旅游者情感因素的同时，也能让旅游者产生对千户苗寨的美好记忆（张翔 等，2015）。总体来说，无论是从当地政府的角度还是从旅游管理者、经营者的角度来看，这一系列的举措都是为了保障西江千户苗寨旅游业的良性发展，保护当地旅游资源的可持续发展（李金兰 等，2015）。与此同时，当地各方通过多种方式向旅游者展现一个"真实的""原汁原味的""可参与其中的"千户苗寨的形象，不仅能够吸引世界各地的游客前来游玩，还能很好地宣传中国的传统文化，推广西江千户苗寨自身特有的品牌形象，促进当地旅游业和经济的发展，具有良好的社会效益、经济效益（宋振春 等，2006；丁业银，2018）。

1.1.2 理论背景

虽然旅游业界和学界已经意识到旅游品牌真实性、品牌契合度在旅游业发展中的重要性，但大多数研究仅限于理论阶段，很少有实证研究去探索旅游品牌契合度在旅游业中的具体作用，特别是在旅游目的地研究中少之又少。在现有的文献研究中，品牌契合度已被定义为将消费者与品牌联系起来的心理和行为状态（Raja S et al.，2013；Hollebeek L D et al.，2014）。为了打造成功的、有吸引力的旅游目的地品牌，旅游管理者必须考虑旅游体验者与旅游目的地有关的因素。因此，从以旅游目的地为导向和以旅游者为中心的角度探索目的地品牌契合的前因后果，是现有研究的重要方向（France C et al.，2016）。有关旅游体验者在品牌契合中的作用的研究已形成相关研究成果（刘妍，2018；李文勇 等，2018）。但是旅游目的地主导因素在旅游目的地品牌契合中的影响机制在很大程度上还没有被完全研究清楚（Chathoth P K et al.，2016）。目的地品牌契合的一个重要但经常被忽视的驱动因素是目的地品牌的真实性，它被认为是成功塑造旅游目的地品牌的关键（Beverland M B，2005；Newman G E et al.，2014），因为旅游者本质上是在寻求真实的体验，所以这是至关重要的（Wang N，1999）。Morhart（2015）等认为目的地品牌真实性是指旅游体验者认识到目的地品牌忠实于自身（持续）、忠实于旅游者（可信）、负责任（诚实）并有助于使其成为自己（象征性）的程度。例如，许多目的地都使用虚拟现实等技术来证明真实性并增强与旅游者的联系（顾至欣，2019）。边界条件是指在求解区域边界上所求解的变量或其导数随时间和地点的变化规律。对于一个控制方程来说，如果该方程有确定的解，则边界条件是必不可少的（李东 等，2021）。因此在旅游目的地品牌真实性和旅游者契合度的研究实践中，对于出现的问题，一般都需要界定其边界条件（张泽华，2013）。而且相应计算结果的精确度也受到边界条件处理的影响。在旅游学领域，有关边界条件的相关研究，张丹（2018）从自我一致性理论的角度探讨旅游目的地形象与游客自我概念一致性对旅游影响的边界条件。侯俊东等（2021）以在校大学生为调查对象，讨论了网络负面口碑对某一旅游目的地的影响，认为网络负面口碑信息类型和来源可信度与旅游目的地形象存在一定的关系，而游客涉入度在网络负面口碑信息类型和来源可信度与旅游目的地形象的关系中是一个边界条件。但笔者查阅相关文献发现，在旅游目的地品牌的真实性和旅游目的地契合度之间的关系是否存在边界条件，目前尚未有学者进行过研究。作为一个强有力的品牌关系影响变量，品牌信任可能能够调节旅游目的地品牌的真实性和旅游目的地契合度之间的关系，而且已有相关的研究报道（吴建齐，2018）。例如马轶男和常小艳（2019）认为旅游目的地的品牌信任度显著正向影响旅游目的地品牌形象。但是，其具体的调节作用的机制有待进一步探讨。因此，本书也将其纳入研究框架当中对调节作用进行验证。由于对目的地品牌契合度的实证研究较少，而先前的关于旅游者契合度的研究大多集中在其结果上（So K K F et al.，2016；Harrigan P et al.，2017），因此，本书旨在探讨目的地品牌契合度的前因及结果。具体来说，本书以贵州省黔东南州千户苗寨为研究对象，探究旅游目的地品牌真实性与旅游目的地品牌契合度之间的关系。通常来说，旅游体验者与旅游目的地的品牌契合往往会导致旅游者的忠诚行为。此外，基于过往研究，本书将旅游品牌契合度作为中介变量，将品牌信任作为调节变量引入本书的研究，旨在检验旅游目的地品牌契合度在旅游目的地品牌的真实性和旅游者忠诚度之间是否起到中介作用，以及旅游目的地品牌信任能否调节旅游目的地品牌的真实性和旅游目的地品牌契合度之间的关系。

1.2 研究意义

1.2.1 理论意义

目前学术界对顾客契合度的研究主要停留在对其理论的建立阶段，其重心倾向于内涵的界定及描述。在以往的文献研究中，顾客契合理论运用于营销领域的各个行业，但在旅游领域的应用对其进行研究的相对较少，尤其是对目的地的研究更是少之又少。基于旅游者契合度内涵的正确划定和测量还相当匮乏。鉴于此，首先，本书将着重从旅游的角度切入，并以西江千户苗寨为研究对象，以期尝试分析一下旅游者的契合度内涵。其次，本书对旅游目的地真实性与旅游者忠诚作用机制的研究有助于丰富旅游目的地的现有成果，从真实性的角度出发，为目的地打造顾客忠诚计划提供理论依据（何振，2016）。在本书中，笔者认为在旅游者前往旅游目的地的诸多因素中，旅游目的地品牌真实性被认为是最关键的因素，也是游客前往所选择旅游目的地的前提。旅游目的地品牌真实性对旅游者的忠诚度有一定的影响，本书将旅游者忠诚度划分为重游意愿和推荐意愿两个维度，所以旅游目的地品牌真实性对旅游者重游意愿和推荐意愿均有影响。针对问卷调查结果并结合统计学分析结果表明，旅游目的地品牌真实性是旅游者忠诚度的先决条件，而旅游目的地品牌的契合度在二者之间的关系中起着中介作用。因此，本书在前人研究的基础上，一是扩展了旅游目的地品牌契合度和旅游者忠诚度的理论知识；二是探讨了旅游目的地品牌真实性和旅游者忠诚度之间关系的内在机制。旅游目的地品牌契合度将旅游目的地品牌真实性与顾客忠诚度联系起来，解释了二者之间的内在联系。综合以上研究结果，本书旨在探究旅游目的地品牌真实性对旅游者忠诚度的影响机制。

1.2.2 实践意义

从实践层面来看，本书以贵州省黔东南州西江千户苗寨为研究对象，结合已有的研究，通过对旅游目的地品牌真实性和品牌契合度概念的理解和分析，从而对千户苗寨景区自身的优势，例如文化优势、建筑优势以及自然资源优势等进行挖掘；同时，通过多种渠道的品牌宣传，以此来采取一系列保证景区真实性的措施，保证了景区的真实性，例如文化方面的真实性、苗族特有建筑的真实性以及自然环境方面的真实性，从而让前来游玩的旅游者也能感受旅游目的地的真实性，以此来吸引旅游者前往并使其具有重游意愿。而且在旅游者通过旅游感受到真实的服务后，有意愿把该景区推荐给亲朋好友，从而提升其推荐意愿和重游意愿。从实际的举措来讲，贵州省人民政府、黔东南州人民政府、西江县人民政府以及千户苗寨的管理者可以通过旅游网络媒体、旅游导报、旅游杂志等多种渠道对景区进行宣传。例如，可以在旅游者未到达景区之前，通过微信公众号、旅游导报、公交站牌等公共平台对景区进行宣传，以此来吸引旅游者。这种方式能够突破时间和空间的限制，从而达到宣传效果的最大化。同时，也可以借助公共平台进行宣传，例如在公交站点，以及地铁、商场等人流量大的地方进行宣传。除此之外，应提升景区质量，加强景区基础设施建设，完善公共服务设施，例如对景区的道路进行人车分流，对停车场进行合理布局，对公共厕所进行定时清理，对景区的供水供电和应急救援设备加强调试安装，以及加强安全消防等基础设施的建设。这些措施能为旅游者提供良好的旅游体验，在一定程度上提升旅游者的忠诚度，从而增强游客的重游意愿和推荐意愿。

对于大多数初次到访的旅游者来说，他们更注重旅游过程中所感知到的真实感。他们通过一定的途径对该景区有了初步的了解后，会对其中的某个点进行关注，然后到访去体验其旅游目的地的真实性。比如景区的文化底蕴是否如宣传的一样深厚，美食是否如媒体报道的那样可口，景色是否如他人所说的那样怡人等。如果在一次旅游体验中，旅游者能得到所期待的旅游服务，能更好地感受到期望的旅游体验，则会表现出更高的旅游忠诚度，从而则能增加重游意愿和推荐意愿。所以，旅游景区更应该考虑如何打造现场真实的旅游情境，优化旅游者的体验，从而提高旅游者对目的地的契合度，激发旅游者的积极情感，以此促使旅游者产生重游或者推荐的意向。综合来看，本书对实现旅游目的地的价值主张，塑造旅游目的地品牌形象以及建立品牌信任等方面具有重要的指导意义，也为旅游景点的优化提供了理论基础以及为旅游目的地竞争提供了建设性意见。

1.3 研究内容、方法与思路

1.3.1 研究内容

本书的主要目的是开发和探索一个概念框架，以解释目的地品牌真实性、旅游目的地品牌契合度、品牌信任、重游意愿和推荐意愿之间的关系。在本书中，旅游目的地品牌的真实性成为促进目的地品牌契合度、重游意愿和推荐意愿的主要驱动力。旅游目的地品牌契合度在旅游目的地品牌真实性与品牌忠诚度之间的关系中起着中介作用。在此过程中，品牌信任能够调节旅游目的地品牌真实性与旅游目的地品牌契合度的关系。首先，本书搭建了能够展现各变量之间关系的框架，通过问卷调查方式（实地发放问卷和网上发放问卷），获取基础数据，并提出假设，通过统计学分析，验证各变量之间的关系。其次，本书选择了到访过贵州省黔东南州千户苗寨的旅游者作为调研对象，通过调查这些旅游者对西江千户苗寨目前的真实性状况、品牌契合度、品牌信任、重游意愿和推荐意愿，进行统计分析。本书希望以西江千户苗寨为例，为旅游景区或景点提供相应理论支持的管理启示，以期提升旅游目的地的品牌营销水平，吸引更多的旅游者，促进旅游经济的发展。

1.3.2 研究方法

1.3.2.1 文献研究法

本书通过查阅和参考大量的相关文献资料（中国国内研究的学者相对较少，国外文献居多），对旅游目的地品牌研究中的一系列相关问题的研究现状进行系统的总结和梳理。在此基础之上，本书通过梳理和归纳文献，找到相关变量的出处，并将其迁移到旅游目的地的相关问题的研究当中，重新对旅游目的地品牌真实性、契合度以及品牌信任进行界定和概念延伸，以解释其在本研究中的含义。具体来说，首先，本书从"地方"的概念入手，阐述了地方依附感的旅游学含义，并将其引申到旅游目的地，阐述了旅游目的地品牌真实性的理论。有关真实性，本书主要从"客观主义真实性""建构主义真实性"以及"存在主义真实性"三个方面入手，并根据前人研究的结果，对旅游目的地真实性维度进行划分。其次，本书引入契合度的概念，将品牌概念融入其中，对品牌契合度进行了阐述，并将其维度进行了划分。此外，本书引入顾客忠诚的概念，并将其延伸至旅游者忠诚度。本书从信任的概念出发，将其延伸至品牌信任，并将其作为本书的调节变量。

1.3.2.2　问卷调查法

本书通过文献追溯，查找到与本书相关变量的出处以及成熟的量表，对"旅游目的地品牌真实性""旅游目的地契合度""品牌信任"以及"旅游者忠诚""重游意愿"等变量进行测量。本次调查研究主要采取线上发放问卷的方式，主要是利用"问卷星" APP 进行。同时，由于在样本的采集中主要考虑样本量的原因，也收集了一部分下线问卷作为本次样本数据采集的补充。在本书中，问卷采用五级量表，问卷随机发放，旅游者填写完后回收，剔除未到访过贵州黔东南千户苗寨的旅游者的问卷，将剩余的有效问卷进行统计分析，综合分析问卷结果，以期得到本书的结论。分析前人的研究发现，此方法在实证研究中的使用比较普遍，而且用该方法得到的分析结果可信度较高。

1.3.2.3　定量分析法

本方法主要是通过对回收的问卷进行严格的数据分析，根据相关统计学分析结果，解释各个变量之间的关系。本书借助了 SPSS 22.0 和 Lisrel 8.70 数据分析软件等市面上常见的统计分析软件，对整体样本数据进行简单的描述性分析（简单判断数据质量）、信度和效度分析（分析数据的可靠性和有效性）、相关性分析（分析各变量之间是否存在相关关系）、回归分析（解释中介、调节关系等）等，以验证相关假设是否成立。

1.3.3　研究思路

本书的核心内容是通过对发放的问卷进行统计，分析样本数据是否能够支持和验证本书研究中的框架。在发放问卷的过程中，主要对象为到访过贵州省黔东南州西江千户苗寨的旅游者。由于在问卷发放的时候，无法保证全部填写问卷的人员都到访过贵州省黔东南，因此回收数据后，需要进一步筛选问卷，剔除未到过西江千户苗寨的旅游者的问卷后，再统一进行统计学分析。主要研究思路按照以下五大步骤来完成，各部分主要内容如下：

第 1 章为绪论部分。这部分内容主要阐述了本书的研究背景，以在原本就竞争激烈的旅游目的地市场下，2020年新冠病毒感染疫情的暴发对贵州省黔东南州千户苗寨旅游业的影响为现实背景，以旅游目的地品牌真实性对旅游者忠诚度的影响机制为研究的理论背景。这一部分还介绍了研究的理论意义和现实意义，即研究这个问题能够解决哪一些现实问题，将该问题阐述清楚对团体乃至整个行业有什么作用；研究思路，即本书将要如何开展研究，具体的研究逻辑是什么；研究方法，即研究中都运用了哪一些科学手段。最后，绘制了本书的技术路线，并以此提出了本书可能的创新点。

第2章为文献综述。首先，追溯了本书中自变量的来源和出处，从"真实性"的含义开始挖掘，然后拓展到"旅游真实性"的概念，最后延伸到"旅游目的地品牌真实性"的概念上，逐级递进。其次，对中介变量的研究是从"顾客契合"的概念入手，然后延伸到了"品牌契合"的概念，接着是将其转移到旅游目的地领域中来分析"旅游目的地品牌契合"的概念到底是什么，研究其真实含义。再次，对于品牌信任的研究是综合了众多学者对"信任"在不同领域的诠释，然后得出与本书相关的定义，并对其包含的维度逐一解释。最后，对旅游者忠诚概念的剖析也是建立在许多学者的研究之上，最终将其分为两个子维度，分别是"重游意愿"和"推荐意愿"。由于文献中认为这两个概念并不相同，因此在本书中，将其看作两个维度，后面在数据分析时，将其分开单独进行验证。

第3章为理论假设与研究模型。本章的内容主要建立在第二章的基础之上，根据已有的研究结果，研究了旅游目的地品牌真实性对旅游者忠诚度影响的相关问题。此外，根据前人研究方法，本书将旅游者忠诚度划分为两个子维度，分别为重游意愿和推荐意愿，从而在原假设的基础上，提出子假设，最后构建模型。具体思路为：①从自变量目的地品牌真实性（连续性、可信度、完整性以及象征意义）出发，研究其对品牌忠诚度的影响（因变量）。②引入中介变量（旅游目的地契合度），同时也研究了中介变量对因变量的影响以及自变量对中介变量的影响。总而言之，本书通过构建模型，推导出本书中的因果关系，内部作用机制以及边界条件的逻辑关系。拆解出来的各个假设，将便于后续进行一一验证。

第四章为研究设计与样本情况。这一章主要介绍研究目的地的选择以及目的地的选择原因，并对目的地西江千户苗寨从真实性（环境真实性、体验真实性、文化真实性）的角度进行了介绍。通过自身研究的实际情况来设计调查问卷，通过对文献的梳理，整理出了量表的来源，最终确定采用五级量表，即目的地品牌真实性、目的地品牌契合度、品牌信任、旅游者忠诚度（重游意愿和推荐意愿）。此外，通过线上发放和线下发放调查问卷获得基础数据，接着对问卷的收回情况进行统计，获得基础数据。并对变量进行了定义，即自变量是旅游目的地品牌真实性，因变量是旅游者品牌忠诚度，并且将其划分为重游意愿和推荐意愿两个子维度，中介变量是旅游目的地品牌契合度，调节变量是品牌信任。最后，对获得的样本数据进行了简单的描述性统计分析，从调查样本（旅游者）数据的旅游者性别比例、各年龄段比例、教育背景、工作年限以及税前月收入来分析，以证明样本数据的合理性。

第五章为数据分析。这一章的主要内容是通过分析软件对数据进行科学计算并分析。本章使用 SPSS 22.0 对样本数据进行初步整理，进行共同方法偏差检验，检验用于此次回收的样本的数据是否在可控范围内。在对回收的数据做了基本检验后，对整个量表的所有题目做了信效度检验，以检验本书所采用的量表是否可行。接着使用 Lisrel 8.70 软件对量表中的各个维度的聚合效度进行检验，以判断不同维度之间的聚合度是否良好。为了描述各变量之间的关系，我们对以上数据进行描述性统计分析。在理清各变量之间关系的基础上，进行假设检验，即中介效应检验——重游意愿、中介效应检验——推荐意愿、中介效应检验——旅游者忠诚度。在验证了中介效应成立的基础上，在中介模型的第一阶段加入了品牌信任作为调节变量，研究目的地品牌真实性和品牌契合度之间的关系。

第六章为结论与启示。首先，这一章主要是按照本书的主要目的和意义并结合西江千户苗寨的实际情况对上一章的结果进行解释和讨论，对本书中所提出的不成立的假设进行分析，并且参照前人研究结果及研究思路给予的理由来全面分析。其次，根据研究结果以及实践结果对贵州省黔东南州西江千户苗寨后续目的地开发提出建设性的建议。最后，整理和总结本次研究的不足之处，以及对后续研究提出有用的建议。

1.4 研究的技术路线

本书根据研究实际，对主体进行划分，其中前三章是为本书研究开展进行理论基础的准备。第四、第五章是研究主体，第六章是研究结论与启示。因此，根据本书结构，制作以下研究技术路线图（图1.2）。

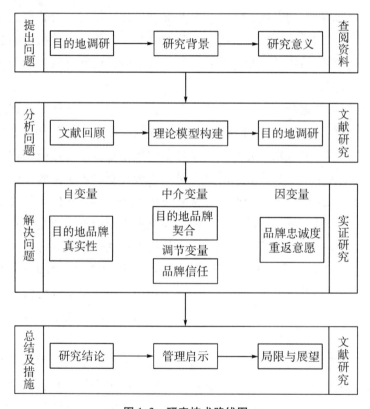

图1.2 研究技术路线图

1.5 研究创新点

以往聚焦于目的地品牌真实性研究中的形成缘由及作用因素，且定性化的旅游真实性研究占据大多数。定量研究才刚开始，且聚焦于旅游目的地品牌真实性带来的结果——旅游者忠诚。但有关目的地品牌真实性对旅游者忠诚度的影响的机制尚未形成，且在这种影响的过程中，两者之间关键的中介变量和调节变量也未能找到（杨勇 等，2020）。本书以到访过西江千户苗寨的游客为研究对象，通过文献分析法、问卷调查法以及定量分析法等构建了以目的地品牌真实性为自变量，以旅游者忠诚为因变量，以目的地品牌契合度为中介变量，以及以品牌信任为调节变量的研究框架。其中，旅游者忠诚度又被划分为重游意愿和推荐意愿分别进行研究。本书通过调查问卷的形式获取了样本数据，提出了假设，并在此基础上验证了理论框架，以期研究旅游目的地真实性对旅游者忠诚度的影响。本书在对回收的问卷进行严格数据分析时，借助了 SPSS 22.0 和 Lisrel 8.70 数据分析软件，对整体样本数据进行简单的描述性分析（简单判断数据质量），信度和效度分析（分析数据的可靠性和有效性），相关性分析（分析各变量之间是否存在相关关系），回归分析（解释中介、调节关系等）等，最终验证研究框架是否成立。研究结果表明目的地品牌契合度部分中介了客体相关真实性对旅游者忠诚度的影响，而全部中介了存在主义真实性对旅游者忠诚的影响，阐明了目的地品牌契合度在旅游目的地品牌真实性对旅游者忠诚度的影响上的中介作用，解释了旅游目的地品牌真实性对旅游者忠诚度的影响机制。主要研究成果如下：

（1）本书首次把目的地品牌真实性和目的地品牌契合度放到一个框架下进行研究，在研究中，将目的地品牌契合度定义为中介变量，并且划分为重游意愿、推荐意愿两个子维度，来分别研究重游意愿、推荐意愿和目的地品牌真实性之间的相关影响，并通过实证研究论证了中介效应的作用。

（2）本书从重游意愿和推荐意愿来进行目的地品牌契合度研究，并通过研究结论证明了此结构的合理性，拓宽了目的地品牌契合度的研究视野。此外，本书将品牌信任定义为调节变量，研究了品牌信任在旅游目的地品牌的真实性和目的地品牌契合度之间的关系中的调节作用。研究认为品牌信任能够调节目的地品牌真实性和目的地品牌契合度之间的关系。

1.6　本章小结

　　本章主要通过查阅前人相关的研究文献，对通过文献中的案例分析，以贵州省西江千户苗寨为研究对象，归纳梳理本书的研究背景（现实背景和理论背景），将旅游目的地品牌与一般实物品牌和服务品牌进行区分，深入分析品牌忠诚度的特性及其形成机理，以及品牌忠诚者类型，并对旅游目的地品牌忠诚度的相关问题进行探讨。在现有研究的基础上，拟定本书的研究目标，将文献研究法、问卷调查法以及定量分析法三种研究方法有效结合，阐释本书的研究思路并制定技术路线图，继而对本书内容进行说明和分析，从而建立本书的研究框架，分析本书研究的现实意义和理论意义。以此对西江千户苗寨旅游品牌建设提供了理论和实践上的参考，同时，也对旅游目的地品牌真实性对旅游者忠诚度的影响机制进行了阐述，为后续目的地开发提出建设性的建议。同时，也为以后的研究提供了相应的研究策略。在本章最后，提出了本书可能的研究创新点。

2 文献综述

本章主要是回溯研究文献。首先，对地方、地方感与地方依附感、地方依附的旅游学的概念进行了梳理和阐述。其次，对旅游目的地品牌真实性进行归纳总结，同时对客观主义真实性、建构主义真实性以及存在主义真实性的概念展开讨论，整理文章中涉及的各个概念的定义以及研究现状。此外，本章将品牌概念引入旅游目的地，并且整理相关概念的研究维度，为下一步的研究、建立模型提供理论支撑。同时，将品牌信任的概念嵌入本章，即从品牌信任的概念及品牌信任的维度出发，对品牌信任的概念做了进一步的解释。最后，对顾客忠诚度及旅游者忠诚度的概念进行梳理，并且将旅游者忠诚度划分为不同的维度进行研究。因此，本章以旅游目的地品牌真实性为主线，对核心概念进行梳理与总结，拟在前人研究的基础上，确定本书中选用的研究维度，并且找到相应的量表用于第四章和第五章的研究。

2.1 地方的相关理论

2.1.1 地方概念的研究概述

"地方"这个概念，最早是在 1947 年由地理学者 Wright 和 John K（1947）在"未知的土地：地理学中想象的地方"一文中提出的，他们将"地方"定义为：地方是承载主观性的区域。后来 Tuan（1978）结合空间现象学中有关人文地理学的知识分析人和环境之间的关系。地方，通常也被解释为空间，个人长期居住在此地或者与之频繁产生联系，便会对此地产生感情依赖，而且这种感情往往非常强烈并且能保持较长的时间。其实，在 Tuan（1978）对"地方"这一概念做出正式的解释之前，Relph（1976）也曾对地方的概念做出了解释，他认为一个地方如果能够给人一种真实的体验感，或者此地曾经发生过令人印象深刻的事情，便会让个人无形地产生一种对地方的认同感以及安全感，并且不自觉地对该地产生关怀的心理。该地方无论是常住地还是旅游目的地，这种附加感情的空间都被称为地方。

在旅游领域中，Tuan（1978）认为，一个地方成为现实生活中远近闻名的旅游目的地，不是因为该地方长期存在于此，而是这个地方内含的各种事物（旅游领域中的旅游吸引物）的叠加效果，这些旅游吸引物内化成为历史中的重要内容附加在该目的地中，逐渐演变成为例如纪念碑、各种节庆活动、遗址遗迹等，从而成为旅游观光的核心部分。而这些核心部分，能够吸引人们前来考察和参观，从而促成了旅游业的形成和发展（Pour et al., 2016）。在现实生活中，如果某人将某地方赋予了个人情感，它便有了意象和感知价值。而且随着个人情感的变迁，它可以具备不同的含义，例如动人的、有感情寄托的地方，甚至也可以蕴含负面的感情色彩。后来，很多学者对"地方"进行了深入的研究。例如，Williams D R, Roggenbuck J W（1989）和 Kaltenborn（1997）提出地方应该包含三方面的内容，分别是地理区域（个人从事社会或者经济活动所涉及的区域）、场所（惯常生活和社会交叉影响的地方）以及地方感（个人对某一个地方产生认同和归属的情感联结）。由此可见，地方不仅是在地图上的一个简单的地理标识，而且能分析人和环境之间的复杂关系。

2.1.2　地方感与地方依附感

地方感是一种非常特殊的情感，它是指个人对某一个环境产生情愫，主要受到个人的记忆因素、感知能力以及价值判断的影响，使之与环境之间发生情感层面的互动，从而会促使个人形成对此地方的依赖心理（张中华 等，2005；肖舒，2012）。旅游目的地也不例外，例如 Hummon（1992）就研究了旅游现象中的游客的地方依附感，这种依赖心理在人与旅游地之间架起了一座重要的桥梁，引导游客进行游览。同时，有学者在研究中发现，游客对某一个旅游目的地的依附行为包含地方依赖和地方认同两个维度，游客首先会产生依赖，然后对此地产生认同（邱宏亮 等，2014）。此外，Brown 和 Perkins（1992）以及 Giuliani 和 Feldman（1993）的研究中总结概括了地方依附感的形成过程以及四个特征。首先，旅游者在充分了解了该旅游目的地后，对目的地有了个人的判断，这一判断能够激发个人的强烈的情绪和意愿，从而表现出明显的喜恶爱憎。其次，该旅游目的地在一定程度上能够彰显个人的身份地位或者能够体现个人的价值观、信念。再次，该旅游目的地能够保障个人隐私，所涉及的一切事物是可控的。最后，在前三者基础之上，该旅游目的地能够提供一个社交平台，促进人与人之间的社交，不脱离社会关系。以上四个过程大致包含了个体对一个旅游目的地的基本需求、价值判断和期待。此外，Altman 和 Low（1992）在研究中提出地方感形成并不是由单一因素简单地形成的，而是由多方面的影响因素共同作用的结果。地方感不仅局限于个人的体验，而且夹杂着外界的干扰。地方感在多种因素的共同作用下长此以往形成的感知。人在无形中受到外界物体的意象影响，而产生的对生活的感悟和理解，都会表现在对地方感的需求。长期处于这种氛围下，就会逐渐地对此地产生浓厚的地方感，但是由于每个人的感受能力以及所受到的外界干扰事物都是不同的，因此个人对某一地方产生的地方感也有所不同，都是长期积累的结果（段义孚，2006；张虹，2019）。正如前面所提到的，游客首先会对某一个旅游目的地产生地方依赖，然后对此地产生认同。由此可见，游客对某一个旅游目的地产生地方感一般是由多种因素共同作用而产生的一种特有情感，例如基于其个人情怀、文化素养、以往的经验以及与旅游目的地之间的互动等，这种特有的感情能够促使游客逐渐对目的地产生认同、忠诚的行为。

2.1.3 地方依附的旅游学含义

目的地选择行为是旅游消费决策的重要一环，在以往的旅游学研究中发现，大多数旅游者在旅游目的地的选择上更倾向于选择熟悉的、风险系数较小的旅游目的地，并且对惯常的生活环境更容易产生心理依赖。Shumaker 和 Taylor（1983）的研究证实了此结论，他们认为人们在选择居住地的时候，大多都倾向于安全感高的地方，且更青睐自己居住过或者身边密切的人居住过或者去过的地方，而安全感较低、较为陌生的环境被选择的可能性则较低。李鸿飞（2009）的研究认为旅游者在选择旅游目的地时，多数会通过向有经验者询问、网络信息查询，并结合自我判断来选择风险程度较低的旅游目的地和旅游方式。由此可见，个体对生活地及旅游目的地在已经形成了认同与依附后，再去开发一个替代地方的可能性降低（Tuan Y F，1978）。

随着国民经济的发展，在物质水平得到了极大提升后，人们对精神享受的需求日益增加，因此，文化旅游活动逐渐为人们所重视，成为人们生活中的一部分。与此同时，有关地方依附感的研究也由最初的个人居住地的选择映射到游客对旅游目的地选择的领域，开始研究旅游者的情感依附对旅游目的地的影响，当然，具体的影响因素和作用机制是多元化的（刘妍，2018）。Williams 和 Roggenbuck（1989）从表面意思入手，研究旅游者对目的地形成情感依附的过程，认为旅游者感知到的情感价值在此过程中起到非常重要的作用。Moore 和 Graefe（1994）通过开发模型来探讨地方依赖（个体对特定环境的重视程度或认同程度），认为旅游者在游览铁道景观时，旅游者与旅游目的地的契合度、前往景区的频率以及自身的一些身份特征对其产生地方依附有不可小觑的作用。基于此理论可知，旅游者对某一个目的地产生依附心理，建立情感连接都是基于对该目的地的真实感受，如果旅游者能够通过自己的经验判断在一定的外界因素影响下对某一旅游目的地产生相对信赖的情感，并且认为与自己的价值观相匹配，则更有可能对该旅游目的地产生情感依赖。本书将从地方理论出发，将其迁移至旅游目的地上，对整个研究的模型进行阐释，以期从旅游者自身的角度解释忠诚行为的产生。

2.1.4 旅游目的地品牌概念

"品牌"，英文翻译为"Brand"，该词语起源于古挪威文字，最早在西班牙游牧部落时代被用来标记家畜。后来，随着人类文明不断地发展，该词被引申为一种识别标志或者说是一种价值理念（栗欣如 等，2017）。要理解旅游目的地品牌的概念，首先要从旅游目的地的概念入手，相信大家对旅游目的地的概念并不陌生。Dickinson 和 Robbins（2007）提出，旅游目的地是指能够将旅游体验者所需的旅游产品和服务等通过一定的方法整合在一起的某个地点。Ritchie 和 Crouch（2002）认为旅游目的地是旅游区域结构中非常重要的一个部分，旅游目的地建设状况、文化地域、风土人情等与当地旅游发展有着密切的关系，理想的旅游目的地能够带动旅游区域各项功能的良性发展。Davidson 和 Maitland（1997）指出，从最浅显易懂的解释出发，旅游目的地首先是一个地理区域，这个区域基础设施完备，旅游资源丰富，范围不做限定，它可以是一个国家，一个乡村城镇，甚至是一个富饶的岛屿。Buhalis（2000）在文章中也提出，旅游目的地可以看成所有旅游产品的总和，在此基础上，才能为旅游者打造旅游闭环，留下深刻的旅游体验。综上所述，旅游目的地是承载旅游者进行游览的地理区位，当然，它具备良好的旅游资源时，则会更加具有吸引力。在我国，也有许多学者对旅游目的地做了相关研究。较早地，保继刚（1993）认为旅游目的地是让旅游者进行停留和活动的一定范围的地理空间，当然，这个空间上面的旅游资源都属于该目的地。魏小安和韩健民（2003）提出应该从旅游目的地所包含的要素出发来解释这个概念，他们认为旅游目的地这个概念由"游客""追求""实现""各类空间"和"要素"等共同组成，而并不只是简单的地理空间。随着旅游目的地的研究的开展，有学者也引出了"旅游过境地"这一概念。黄光文和欧利平（2011）对"旅游过境地"这一概念进行了界定，将其定义为是在旅游系统中，在一定的空间区域内灵活存在的一部分地理位置。杨培韬等（2021）通过对"旅游目的地"和"旅游过境地"的概念进行比较，认为旅游过境地相对于旅游目的地而言，是在旅游资源、产品品质、旅游吸引力、市场拓展等方面或某些方面存在劣势的旅游地。相对于旅游过境地而言，旅游目的地的概念更广，是旅游业研究的核心概念。而打造出自身的独特品牌，对于旅游目的地的有序发展而言十分重要。正如前人研究认为良好的形象塑造是打造出旅游目的地独特品牌的前提和关键。想要塑造出良好的形象，旅游者对旅游目的地的感知很重要，游客的认知往往对目的地形象的塑造起决定作用（Ban O et al.，2021）。旅游者对该旅游目的地总体的印象最终能影响他们对旅游目的地的选择。一个地区想具有吸引力，该地区就必须具备良好的旅游资源和具有核心竞争力的品牌。把品牌形象的良好树立和品牌的有效塑造作为旅游目的地竞争的核心环节。

美国的品牌营销大师阿尔·里斯曾提出这样的观点：营销概念本身将会过时，而品牌化因为自身拥有更高档的销售商品和服务方式的特点，在今后的发展中会迎来它新的春天。萨默·雷石东先生在总结管理经验时，利用 A、B、C 三个字母来进行总结，即 A（acquire）（收购）、B（branding）（品牌化）、C（copy right）（版权）。他认为虽然广告营销在旅游市场的竞争中也能起到一定的作用，但与品牌相比，这种作用是微不足道的，旅游目的地竞争亦将如此。品牌资产是市场营销学研究的前沿，在旅游目的地的基础上，对旅游目的地品牌的研究也逐渐成为研究的热点（王栋梁 等，2006）。而且就现阶段来说，人们对旅游目的地、其所在的城市的品牌越来越重视，例如该城市的文明程度、该目的地的品牌效应等。旅游目的地品牌的概念研究是一个具有显著意义的研究领域，它对目的地管理实践至关重要。Ritchie（1998）在研究中对目的地品牌做出了解释，他认为不能简单地将目的地品牌看作一种区分其他品牌的名称，目的地品牌还代表着整体的象征元素，旅游者一旦提起这里，便会产生相关的回忆，并且能够找到自身与其之间的联系。但是这个概念相对宽泛，很多企业容易陷入盲区中，误认为旅游目的地品牌只是简单的品牌商标（Logo）设计与品牌理念的宣传（Blain C et al.，2005），其实两者之间有着本质的区别。Hankinson（2004）将旅游目的地的各种要素资源进行了整合，把旅游目的地定义为所有旅游要素的综合，并且从契合度的角度研究了旅游目的地品牌与旅游者，旅游目的地品牌形象与旅游者形象，以及旅游者的需求与目的地品牌象征价值之间的关系。Milligan 和 Wiles（2010）也认识到了研究旅游目的地品牌的重要性，认为旅游目的地品牌的研究可以从其定位出发进行解释，最好能考虑做到"与众不同并且无可替代"。在中国国内，学者对旅游目的地品牌的研究也逐渐转为热点课题，日益引起学术界和旅游目的地管理者的重视。查阅相关文献发现，中国国内学者对旅游目的地品牌的概念的界定多数是在国外学者的基础之上进行了优化。冷志明（2005）认为旅游目的地品牌作为一种具有一定文化表现力的无形资产，其构成较为复杂，包含了该地区的历史文化、人文素养、宗教信仰、民俗风情等多种要素。而且旅游目的地应该具备真实性、专属性、导向性、美誉性、认同性等多项基本原则。同时，李树民等（2002）和梁明珠等（2004）认为旅游目的地品牌不能只关注符号的象征意义、图案的设计以及文字的组合，还需要注重文化内涵是否与目的地形象相契合，并且他们还提出了区域系统理论，把目的地看作一个有地名、图案、标志以及广告、质量、文化、服务、管理、形象基本要素的品牌系统。也就是说，目的地品牌应该综合考虑目的地里的所有旅游产品，集中体现旅游资源文化内涵。冯斌（2008）认为，目的地品牌是游客对目的地提供的价值及旅游企业和旅游者两个方面的认知，并以游客需求为导向，旅游资源为首要，依靠销售形式而创建的优良体验复合体。目的地品牌在基础设施、产品建设和服务等旅游品牌因素中凝聚了目的地的与众不同的历史、独特的文化底蕴和自然风光，并用视觉效果、触觉体验等方式呈现给游客。由此可见，旅游目的地品牌对目的地而言是一种构建出来的、方便传播的一种象征，能够体现当地的整体风貌，包括自然资源、人文环境以及当地的风土人情等。

2.2 旅游目的地品牌真实性研究

无论是什么领域，消费者对真实性的需求都非常强烈，这使消费者逐渐摒弃过去简单节俭的消费思想，寻求"真实性"的一种表现（Grayson K et al.，2004）。因此，不同的学者就真实性概念及影响在不同领域的作用进行了研究。胡黎明（1994）认为在新闻报道中，真实性是新闻的生命，是新闻的根本，所以，在新闻实践中真实性是需要把握的第一原则。在组织行为学以及领导学领域的相关研究证明，领导行为真实性会形成"连锁反应"，领导行为真实性首先影响了员工的态度和行为，员工的态度和行为继而影响员工的工作的积极性，最终影响组织的绩效水平（安静，2015）。在应用语言学领域，研究者认为真实性这一概念已经成为解决外语学习中问题的一个重要因素（宋丹妮，2011），以上实例也证实了真实性的重要性。自真实性引入旅游研究以来，学者们从多学科及多种角度来解释真实性，从而衍生出了大量的真实性概念，而且也逐渐地将"真实性"概念引入旅游领域，从旅游客体、旅游主体等角度对旅游"真实性"进行拓展研究（杨振之 等，2021）。例如陈享尔和蔡建明（2012）以旅游真实性学说为基础，并运用数理知识构建模型，探讨了"旅游主体真实性"和"旅游客体真实性"之间的关系，认为主体真实性和客体真实性之间是一种集合式的关系。王婧和张松（2018）在剖析遗产旅游中的真实性时，认为客体与主体真实性之间存在一定的互动关系，一般以"真实-真实""真实-虚假""虚假-真实""虚假-虚假"四个象限的多维呈现方式。因此，在前人研究基础之上，探究旅游"真实性"概念是本小节的第二个主要目的。此外，本书选择"原汁原味"的贵州省黔东南州千户苗寨这一旅游目的地为研究对象，通过理论假设与研究模型，来探讨旅游目的地品牌"真实性"问题。

2.2.1 旅游真实性概念

"真实性"一词起源于人类学和社会学对人类行为的研究，而有关

"真实性"的研究多数来源于西方一些国家（胡志毅 等，2007）。因此，本书首先从英文单词的翻译入手对其进行解释。"真实性"的英文单词对应"Authenticity"，它有"具有权威的"和"原始的、最初的"两种解释，有学者研究，这个概念最早可追溯至希腊语和拉丁语（Trilling L，1972）。"真实性"在英文中的词根为"Authents"，此后，经过漫长的筛选与构建，逐渐形成了现在的"Authenticity"。近年来，中国的学者将其引入进行研究，将"Authenticity"翻译成不同的名词。其实，学术界对真实性研究真正开始于人们对旅游领域真实性的探讨，后来许多学者将其纳入了不同的领域（林爽，2011），其概念在不同的领域有不同的解释和翻译，例如有"真实性""原真性""本真性"等诸多含义。就本书而言，参考陈瑞霞和周志民（2018）有关"真实性"在旅游领域中的概念，真实性用此概念来解释旅游领域的现象较为恰当，因此，将其翻译为"真实性"。在旅游领域中，从旅游者旅游动机和旅游者认知角度去解释旅游资源被认为是具有重要的实践意义的，比如能更好地指导旅游资源的开发和利用（周亚庆等，2007）。最早研究旅游领域中"真实性"问题的学者是 MacCannell（1973），其研究内容主要侧重于"舞台真实性"的概念。虽然，当时 MacCannell 并没有对"真实性"给出明确的概念界定，但其认为旅游者在旅游情境下，会存在直接或者间接关注旅游过程中的"真实性"现象，而这一问题的提出引起了许多学者的研究和讨论（Reisinger Y et al.，2006；Steiner C et al.，2006）。随着全球经济的发展，旅游业也逐渐出现在大众视野，成为人们休闲娱乐的主要方式，旅游领域的学者对"旅游真实性"越来越关注。通过查阅归纳旅游领域的相关文献来看，不同学者将"真实性"界定为三种类型，分别为：①Boorstin（1961）和 MacCannell（1973）提出了"客观主义真实性"的概念，"客观主义真实性"主要是指某一个研究对象的内在属性的真实程度；②Bruner（1994）和 Cohen（1988）提出了"建构主义真实性"的概念，"建构主义真实性"是指真实性不是绝对存在的，而是社会和个人描绘出来的；③Ning W（1999）则认为应该还有"存在主义真实性"的概念，"存在主义真实性"主要是指埋藏于个人内心深处的真实性程度。由此可见，三种"真实性"的出发点和侧重点不同，因此适用于不同的研究场景。以下就三种真实性逐一列举讨论。

2.2.1.1 客观主义真实性

Boorstin（1992）和 MacCannell（1973）两人是客观主义真实性研究方

法的主要代表人物。他们认为真实性是一种固有属性，是可以用绝对的指标去测量的。MacCannell（1973）认为现代生活是不真实的，想要远离现实生活中所出现的"不真实"，就需要去"他乡"体验真正意义上的"真实性"生活。而其他许多研究人员则认为"不真实"是旅游中司空见惯的现象。然而，在现实生活中的真实性不仅仅是黑与白、对与错的关系，而是错综复杂交互联系的。就如旅游专家理解的"不真实"，也许在旅游者的观点中，这种"不真实"是真实存在的。在客观主义视角下，"真实性"是指某一个研究对象的内在属性的真实程度。Beverland 等学者（2008）认为"真实性"作为当代产品营销的基石，其主要表现形式主要有："纯（字面）真实性""近似真实性"和"道德真实性"三种。在每种情况下，消费者都会利用索引或标志性线索来判断真实性，例如根据以往的产品销售数据来判断（张亚竞，2016），或者根据产品的标识品牌来判断（陈伟军，2014）。在旅游目的地品牌的研究中，客观主义、理性的消费者会对品牌的真实性持怀疑态度，他们认为品牌的真实性需要用客观的数据进行界定，例如利用产品的原产地、产品的生产年限、内部所包含的成分以及以往的使用数据等去判断。

2.2.1.2 建构主义真实性

"建构主义真实性"所指的真实性不是绝对存在的，而是社会和个人描绘出来的一种真实性（Grayson et al., 2004；Michael B et al., 2006）。建构主义指出真实性是相对的，因人而异，主要存在于语言描述中。从概念描述中可以看出，建构主义真实性中，主观认识占了比较大的比重，但在实际研究中，也有许多学者进行了应用。例如李领娣（2021）在山东文学旅游的研究中，以建构主义真实性为原则，将真实性文学地方与社会建构进行了有机的结合，为提升山东地方形象和山东文化软实力奠定了良好的基础。在旅游目的地品牌的研究中，建构主义真实性是指对一个旅游目的地的形象包装、口碑宣传、消费体验以及为旅游消费者打造一个符合预期形象的能力（Beverland, 2008）。由此可见，建构主义真实性的创造受社会各界解说的影响，建立在众多的语言解释之上，与消费者体验后的评价、传播媒介的范围等诸多因素有关（杨怡 等，2021）。基于以上解释，可以看出对旅游目的地品牌真实性的界定并不是一成不变的，旅游目的地品牌的真实性可以界定为旅游体验者对该地的评价的总和。当旅游者在旅游目的地消费体验后，所给出的体验评价，并不代表其认为的真实性能够代表目的地的真实性，只不过是象征意义的真实性。由此可见，对建构主义者而言，现实是多元的、变化的，而不是一元的、固定的。真实性在旅游定义中也并不是一成不变的，还包含了游客们的情感或偏好，所以我们需要再次去定义真实性的概念。通过对旅游目的地品牌的研究可以发现，对一个目的地的合理包装，以及为消费者打造一个符合预期的形象是建构主义真实性的目标所在。由此可见，建构主义真实性受外部环境影响，并建立在众多的语言解释之上，与旅行者体验后的感悟、传播媒介的范围都有关系。因此，可能会存在无数个"自认为真实"的，但仅仅是旅游者个人建构的真实性。Hughes（1995）在文章中指出，现实中的旅游真实性很容易被操控，例如旅游企业、中介企业等可以通过在线舆论从而制造一种"真实假象"，以"蒙蔽"旅游者对旅游目的地真实性的判断，这种现象也是比较常见的。例如，一些旅游企业通过设计师对旅游景点做一些"美化"宣传，从而达到吸引游客的目的，也有一些旅游中介通过降低旅游费用来提高游客的数量，以提升旅游目的地的知名度，当然，还有一些旅游企业以发放优惠券的形式，吸引旅游消费者再次前来，从而提升旅游目的地的知名度（董双，2015）。因此，在旅游目的地品牌领域，建构主义真实性就相对容易理解，对于一个旅游目的地而言，其真实性不是一成不变的，而是受情境、不同人群的影响而不断变化的。在我国，也有许多学者对建构主义真实性有所研究。较早地，王宁（1999）认为旅游是对现代性生存条件的"好恶交织"的反应和体现，同时也从五个方面论证了建构出来的真实性能够象征性代表该目的地的真实性。谢彦君（2006）同样认为，旅游者的自身经历不同，对旅游体验的审美和要求不同以及对旅游的需求不同等，导致了对目的地的评价质量有所不同。由此来看，旅游者眼中的"真实"，在一定程度上是真实的，但是在别人的眼中，它可能是不真实的，但这种现象是可以被接受的，其主要原因是每个人对真实性的评判标准是不一样的。

2.2.1.3 存在主义真实性

存在主义真实性是指埋藏于个人内心深处的真实性程度，其也作为一个人表明自己是真实的自我或对自己的生活真实的属性本质（Tai S L et al.，2018）。王芳恒（1994）指出，存在主义真实性是从哲学存在论演化而来的一种真实性，与认同存在一定的关系，如果个人认定了何为真实，那便是真实，与外在的其他客体都没有关系，也就说是这种真实性一般受到的外部影响较小。存在主义真实性认为，个人在本真状态下，便自我认定为真实，不受外界影响而改变想法。在这种状态下，个人更容易逃离现实生活的条框，忘记社会规则的约束，活出更加自由真实的状态。因此，存在主义真实性在解释消费者的消费行为时，无论消费者购买何物，只要能够使其达到超脱现实的快感，就是真实的（Arnould，2000）。在品牌领域的有关存在主义真实性的研究表明，存在主义真实性更能体现品牌的知名度和核心竞争力，如果此品牌能够在众多品牌中脱颖而出，帮助消费者找到真我，那么就更容易得到消费者的青睐和身份认同（张兵武 等，2019）。在旅游领域，杨围围和乌恩（2014）等人认为游客出游最本质的价值诉求是实现自我的存在主义真实性。

通过以上对三种真实性的比较分析，笔者发现"客观主义真实性""建构主义真实性"以及"存在主义真实性"三种真实性之间并不是彼此分割、对立存在的，而是相互之间有着一定的联系，共同发挥作用。正如朱煜杰（2013）认为在旅游市场中，客观真实性、建构主义真实性和存在主义真实性之间是相互依存的关系，在特定的领域以不同的形式展现。这也就是在现实生活中同一场景下，如果从客观主义真实性的角度来分析，可能这个事件是"不真实"的，但可能在另一部分消费者的眼中，这就是他们所谓的"真实"的原因。在三种真实性中，客观主义真实性最基本的原则是保持客观，但是消费者在旅游情境中，更加注重的是得到的旅游体验，而这种体验很大程度上由旅游者自身心情、旅游期望等因素决定，是无法达到客观确定的。建构主义真实性强调的是旅游主体体验真实性和旅游客体原真性互为建构，由此可见，建构主义真实性比客观主义真实性多了个人的真实感情以及主观判断（何瑛，2013）。与前两种真实性相比，存在主义真实性更多的焦点在旅游者主体身上，前两种真实性会对旅游客体的真实性进行判断，但是存在主义真实性则只关心旅游主体的自我认知。相对而言，存在主义真实性有点矫枉过正，过度强调了个人的主观感受，没有将客体真实性考虑在其中，很容易让人产生脱离实际的错觉（Bassis et al.，1972）。例如即便在旅游体验过程中所在的旅游目的地所有的资源都是不真实的，旅游者仍能从中体验到真实性。当旅游者处于此种状态下，他们容易产生自己沉浸其中的真实快乐感，这是因为他们体验到了平时不常遇见的经历，让他们暂时忘记了日常生活的烦恼。虽然，学者将旅游真实性分成了以上三种类型，但是在实际的旅游研究中，旅游者不会将三种类型分开考虑，三种真实性彼此相辅相成，无法分离。这意味着，旅游者既重视旅游目的地客体的真实性，也非常在乎旅游过程中的真实感受（金丽，2007）。因此，一个真实的旅游目的地更容易让旅游者对此地产生认同（何西伟 等，2013）。因此，本书对旅游真实性的界定没有做明显的区分，对旅游目的地品牌真实性的概念也是包含了各种类型的真实性。

2.2.2　旅游目的地品牌真实性概念及维度

随着经济水平的不断提高，人们对于旅游需求的日益凸显导致旅游市场竞争的加剧。尤其是新冠病毒感染疫情暴发以来人们对旅游消费需求的差异性、个性化提出了更高的要求，这也激发了更多有组织地为旅游目的地品牌定位的需求，总结品牌定位过程中成功的经验和失败的教训的研究进一步扩大。旅游真实性和旅游目的地品牌作为旅游领域中的两个主要的方面，相互之间也有着紧密的联系。而且旅游目的地品牌真实性的研究是对旅游目的地品牌定位研究的聚焦点，有针对性地探讨旅游目的地真实性对游客行为的影响。有关旅游目的地品牌真实性的研究，陈享尔和李宏（2010）从时间阶段、理论载体和游客体验倾向三个角度对旅游真实性进行了阐述。霍改华（2010）认为旅游资源真实性在旅游目的地品牌真实性的塑造中具有举足轻重的作用。因此，对旅游目的地品牌真实性的研究是对旅游领域中热点研究的聚焦，有针对性地探讨一个旅游目的地真实性对游客行为的影响显然是十分必要的。一般来说，旅游者外出旅游不受日常生活限制，想获得身心的放松，想真真切切地体验当地的风土人情和饮食文化，感受当地的文化底蕴（左剑虹，2001）。故而如何打造旅游目的地的真实性，充分发挥当地旅游资源的原真性，并且让旅游体验者能够体验到这种真实性，才是旅游景区最应该关注的问题（Kolar T et al.，2010）。虽然品牌真实性和消费息息相关，但是目前对旅游目的地品牌真实性的研究很少。即便是对品牌真实性的研究，也是从 20 世纪 90 年代初开始，才有学者发表相关的文章（Kososki et al.，2017）。如何将旅游目的地真实性和品牌真实性有效地融合，并且用于旅游领域的管理实践中，是研究品牌真实性的关键。因此，本书结合品牌真实性的研究以及旅游真实性的研究，尝试分析旅游目的地品牌真实性的概念。

在以往的文献中，学者主要研究如何建立品牌的真实性，或者更确切地说是如何塑造良好的品牌真实性。Beverland M（2009）认为真实性的投射是营销的关键支柱之一，通常消费者通过选择品牌来寻求真实性，同时他还阐述了建立品牌真实性的七条指导原则。Stern B（1994）认为在品牌宣传中，广告是向消费者展示品牌真实性的一条重要途径，能有效地宣传品牌。但 Botterill（2007）也证实了广告对品牌真实性的塑造具有一定的双重性，一方面可以正向展示品牌真实性，另一方面也可以夸大或者恶化品牌真实性。此外，Newman G E 和 Dhar R（2014）等人认为原始自身的稀有资源也是向消费者展现真实性的一条重要渠道。除了对品牌真实性的研究以外，更多的研究则集中于品牌真实性直接或者间接的影响结果变量。Arnould（2000）认为品牌真实性能够直接影响消费者的消费体验，也能在一定程度上影响消费者对自己的身份感知。Alipour M 和 Sabzikaran E（2018）以运动品牌阿迪达斯为对象进行品牌真实性对顾客购买意愿影响的研究，结果表明，品牌真实性对顾客购买意愿有着显著影响，也以此为阿迪达斯官方在品牌宣传中提出了相关建议。

魏相杰（2017）认为随着科技的发展，在产品日益同质化和营销泛滥的市场大环境下，消费者对品牌"真与假"的辨别也愈加重视。因此，分析消费者对品牌真实性的衡量标准、影响后果以及消费者在选择品牌时考虑的其他外界因素，具有非常重要的意义。赖华（2020）等人从心理学层面对品牌真实性进行了研究，认为品牌真实性与个体的态度、心理、行为都有密切的关系。自我决定理论、需求理论和经济权衡视角可以解释品牌真实性对个体的影响。综合来看，品牌真实性反映了产品最原真的一面，能够区分不同产品之间的差异，在一定程度能够影响消费者的购买决策（Napoli J et al.，2014）。由此可见，研究品牌真实性以及其对结果变量的影响是十分必要的（Fritz K et al.，2017）。但梳理文献发现，目前学术界有关品牌真实性的研究相对有限，尤其是在酒店行业和旅游行业，相关研究文献更是寥寥无几（Bruhn M et al.，2012；Schallehn M et al.，2014）。由2.2.1部分可知，旅游真实性研究将真实性分为三种类型，其中，客观主义真实性为原始真实性，一般和旅游目的地的真实性旅游资源有关，是固定不变的（张迪 等，2017）；建构主义真实性一般来源于旅游生产者或旅游者预测，是可以改变的（贾鸿雁 等，2009）；存在主义真实性则更加主观，一般由旅游者做出自我评价（谢春山 等，2021）。在旅游领域，Reisinger Y，Steiner C J（2006）通过归纳总结前人研究结果，综述了旅游中的真实性，认为学术界对真实性没有统一和固定的定义，因为其存在、意义或重要性没有共同点。Yi X，Fu X，Yu L 和 Jiang L（2018）以中国世界遗产地为研究对象，通过构建模型，探究了游客对有形和无形遗产真实性的感知对游客的存在真实性和目的地忠诚度的影响，以及存在真实性和目的地忠诚度之间的关系，研究结果表明，后现代真实性调节了建筑遗产对生存真实性的影响：后现代真实性水平越高，影响越小。Tasci 和 Knutson（2004）研究认为目的地的真实性应该在不同的层面上进行评估，可以是国家、地区或者是地方层面，以此来确定其是否真正符合真实性的基本特征。但是，梳理文章发现，有关旅游目的地品牌真实性管理方面的真实性的研究较少。此外，有关旅游目的地品牌真实性维度的划分，学者们各抒己见（刘伟 等，2017；R C et al.，2020）。鉴于此，本书整理了目前已有的有关品牌真实性的文献，参考各学者的观点，归纳出学者目前对品牌真实性测量的几种方式，详见表 2.1。Schallehn M，Burmann C，Riley N（2014）认为品牌真实性本质上就是一个维度，没有子维度划分。Napoli J，Dickinson S J，Beverland M B（2014）将品牌真实性划分为三个子维度，分别为质量承诺、诚信和传承。Morhart F，Malär L，Guèvremont A（2015）将品牌真实性划分为连续性、信誉、完整性和象征意义四个维度。Bruhn M，Schoenmüller V，Schäfer D（2012）等学者认为品牌真实性应该划分为连续性、独创性、可靠性和自然性四个子维度。而 Kososki 和 Prado（2017）将品牌真实性划分为本质、怀旧、价值观、简单性、设计、独创性和起源七个子维度。通过比较发现，Morhart F，Malär L，Guèvremont（2015）所划分的四维度量表涵盖了旅游真实性的三种类型（客观主义真实性、建构主义真实性以及存在主义真实性），因此本书采用该学者的量表对贵州省西江千户苗寨这一旅游目的地品牌进行研究。此外在本书中，我们将旅游目的地品牌真实性定义为旅游者基于旅游目的地品牌提供的产品、服务等信息，感知到其对自己和其他消费者的可信度和真实度。

表 2.1　品牌真实性维度汇总表

作者	维度	题数
Bruhn M 等（2012）	连续性（continuity）、独创性（originality）、可靠性（reliability）和自然性（naturalness）	15
Schallehn M 等（2014）	没有子维度（no subdimension）	6

作者	维度	题数
Napoli J 等（2014）	质量承诺（quality commitment）、诚信（sincerity）和传承（heritage）	14
Kososki 和 Prado（2017）	本质（essence）、怀旧（nostalgia）、价值观（values）、简单性（simplicity）、设计（design）、独创性（originality）和起源（origin）	32
Morhart F 等（2015）	连续性（continuity）、信誉（credibility）、完整性（integrity）和象征意义（symbolism）	15

2.3 契合度研究

近年来，不断有营销领域的学者研究顾客契合，着重探讨顾客与品牌之间的关系。国外许多学者对品牌契合进行了相关研究并取得了一些有价值的成果，但在我国，营销领域对品牌契合的研究还比较少。因此，本书研究旅游目的地品牌契合度是从顾客契合概念演变而来的，在文献综述部分将逐一进行解释。

2.3.1 顾客契合概念

"契合"（engagement）是一个比较热门的概念，早在 17 世纪就有很多学者对其进行研究，在不同的研究领域，研究的范式相对有所差异（韩小芸 等，2016）。21 世纪初有关品牌契合或者顾客契合的概念是在西方企业界的营销领域中被提出的。顾客契合的判定大致分为单一结构与多重结构两大类。多重结构的主要代表人有 Holle-beek（2016）等，他们认为消费者与企业或品牌之间的最好关系是两者之间达到契合状态。契合状态下的消费者对企业及品牌有一种忠诚感，能与企业进行良好的沟通和携手并进，在高度契合状态下的消费者不仅能和企业在感知、情感及行为上进行交流，而且能积极地、可量化地参与到企业相关建设中去。例如，积极向他人推荐品牌，主动参与品牌的研发与创新，共同构建企业文化价值观等。单一结构的杰出代表人物有维韦克（Vivek，2009），他的杰出贡献在于从顾客心理的角度出发来探讨顾客契合，得出顾客契合是顾客认知的一种心理反应的研究结论。有关顾客契合影响关系的研究，Bigne E，Curras-Perez R 和 Aldas-Manzano J（2012）认为消费者对品牌契合的认知不同，而且这种认知会直接或间接地影响消费者对企业的评价。Santala M 和 Parvinen P（2007）认为顾客契合在营销学业绩差异中有着重要的决定作用，在营销战略制定中需要重点考虑。在我国，学者也从不同领域研究了"契合"。付美云和钟声（2007）通过对组织行为学领域的契合研究表明，组织契合对个体的组织承诺、工作满意度、组织公民行为以及离职意愿均有一定的影响。在应用心理学研究领域，汪可真等（2011）研究了"员工-主管契合"，认为"员工-主管契合"与"员工工作满意度"之间有着紧密的联系。而在营销学领域，"契合"于近几年才被引入而且学者对其的翻译各有不同，有学者将其翻译为"投入""融入"，而有的学者将其翻译为"参与""应对"。就这些解释来看，单纯的"投入""融入""参与"这三种解释缺少了品牌和消费者之间的互动性，不能体现消费者对品牌的真实情感。而"应对"这一翻译则显得二者关系更加疏远。因此，后来有一部分学者将其翻译为"契合"。笔者认为，此翻译内含"结盟、誓约"的含义，能够充分体现消费者与品牌之间的互动性，所以本书将其翻译为"契合"（张辉 等，2017）。在日益注重体验与社交互动的时代，研究较多的是"顾客契合"（customer engagement），这不仅能提高顾客管理水平，而且能更好地获得服务营销信息，此外也能在企业竞争中提供有益的视角，以便于企业做出相应的决策（Verhoef et al.，2010）。目前，学术界从不同层面对顾客契合进行了研究，蔺晓东（2013）认为顾客满意、顾客信任、社交需求和自我价值是驱动顾客契合行为形成的主要因素，顾客信任在顾客满意和顾客契合行为间起着完全中介的作用。韩小芸和余策政（2013）从心理学对顾客契合做了阐述，认为顾客投入和顾客心理所有权都对顾客契合有直接的正向影响，而顾客心理授权则通过顾客心理所有权间接影响顾客契合，而且顾客契合对顾客忠诚度有直接的正向影响。21 世纪以来，高度变化的商业环境凸显了在营销和服务管理等领域研究顾客契合的重要性，学者拓展了顾客契合在营销领域的研究，更加注重顾客契合在实践中的应用，但是仍处于初步探索的阶段，研究需要更加深入。通过对文献的梳理发现，对顾客契合概念的解释，不同的学者对顾客契合还存在些许分歧。张辉等人（2015）认为，在新媒体发展对关系营销范式研究的不断深入以及企业日益重视服务主导逻辑等复杂的背景下，顾客契合概念的出现符合市场发展大趋势。而且顾客契合的概念体现了消费者和企业之间存在互动,应该从心理和行为两个视角来进行研究(Tang Y et al.,2017)。本书对顾客契合进行了文献综述,整理了大部分学者对此概念的界定以及维度划分,发现学者的意见并不统一,无论是单维度主张,还是多维度主张,都围绕着心理和行为两大方面,二者相互影响。有关顾客契合维度的研究,有学者认为顾客契合是一个单维度的行为层面的概念,但更多学者认为,顾客契合不仅包含行为层面内容,而且包含情感层面内容以及认知层面等内容三个方面的含义(Patterson P,1997;Brodie R J et al.,2011)。

2.3.2 品牌契合概念及维度

从顾客契合延伸至企业品牌,品牌契合的概念应运而生,其用于研究顾客和企业品牌之间的互动关系(Tu,2014)。近年来的研究发现,有关品牌契合的研究主要强调顾客与品牌之间的关系,并已成为品牌领域的一个研究热点,品牌契合被认为是企业品牌管理成功的关键(Alloza A,2008;Doorn J et al.,2010),而且品牌契合也能够提升消费者忠诚度(Bowden,2009)。以往的研究认为,品牌忠诚度主要驱动消费者对服务价值和服务质量做出客观化的评判,但是自从品牌契合概念被提出后,很多学者认为其可能是更加主要的影响因素(陈佳琪,2020)。但是学界对品牌契合的概念并没有一个统一的解释,各个学者的界定存在差异。有一部分学者主要是从行为的视角进行解释,例如 Van Doorn 等(2010)将品牌契合的概念解释为消费者对品牌保持一种独特的非交易性行为,以期实现自己的某种动机。Vivek(2009)将品牌契合解释为消费者对某种品牌参与的意愿以及与该品牌建立的相互联系的强度。当然,有学者从心理和行为两个方面对此概念做出解释,Hollebeek L D(2011)认为在消费行为中,积极参与的消费者在对某种产品内心认可后,其购买意愿会随之增加,继而可能表现出更强的品牌契合。

但是,在研究品牌契合时,我们需要将其和一些概念相近的名词做区分,它既不仅仅是一种简单的顾客参与(customer participation)(Bendapudi et al.,2003),而且与顾客涉入(involvement)(Walter A,2003)的概念也存在着本质的区别,同时,也不等同于品牌体验(brand experience)(Brakus J J et al.,2009)等一些传统的营销领域的概念。其中,顾客参与单纯是指顾客自己参与到服务生产当中去，反映出顾客的积极角色，例如在日常消费活动中顾客自助服务自己的行为就属于顾客参与（乔时，2011）。顾客涉入是指消费者根据自身内在的需求以及自身价值来衡量品牌与自己的相关程度。虽然这两个概念都与顾客参与有一定的关系，但都无法解释品牌契合当中所蕴含的消费者与品牌进行互动，甚至是共创体验的深层次内涵（李爱雄，2017）。品牌体验，顾名思义是顾客对品牌产生的一种行为表现，内含一定的主观感受（邬金涛 等，2015）。而在本书中，有关品牌契合的内涵更加丰富，是一个包含认知、情感和行为的多维度的系统的概念。

有关品牌契合维度的研究，各学者也有不同的认识，综合分析前人的研究结果来看，现阶段被广泛接受的是 Mirbagheri 和 Najmi（2019）提出的一个包含三个维度的品牌契合框架，主要包含三方面的内容，即认知过程、情感因素和激活因素。其中认知过程是指消费者在与品牌互动时，对品牌的理解及认知程度，是品牌契合产生的基础阶段；情感因素是指消费者与品牌之间产生的积极情绪，这个阶段是指消费者对品牌有了一定的认知后，会将个人情感投入品牌中；激活因素包含消费者投入品牌的精力和时间，以此来判断消费者愿意与品牌之间产生的关联程度，一般来说，个人对某一品牌投入的时间和精力越多，则其关联程度越强，其品牌契合度也越高（樊晓婷 等，2017）。Brodie R J, Hollebeek L D, Juric B（2011）基于前人的研究，通过专家访问等方法，更加深入地对品牌契合进行了研究，他提出五个基本内涵，以此来对品牌契合做出解释。第一，他认为品牌契合是一种心理状态，是在消费者与品牌互动的过程中产生的。第二，消费者在不同的体验之下，与品牌之间的关联程度会有所不同。第三，品牌契合不是一种静态的关系，而是随着时间推移时刻在变化的。第四，品牌契合能够对服务关系产生影响作用，品牌契合度越高，则服务关系的质量也越高。第五，品牌契合并非单一维度而是多维度变量，其中主要包含认知、情感和行为等多方面的内涵。但是在实际的研究中，由于学者对品牌契合概念的界定不同，因此对其维度的划分也存在差异，同时该研究表明，将近 40% 的学者将品牌契合划为单维变量，即认为品牌契合是认知、情感和行为中的某一维度的概念。但是大部分学者认为品牌契合更偏向于行为维度（刘伟 等，2018）。此外，学者们认为如果将品牌契合划为单维度变量，这种划分方式虽然更加简单，降低学术难度，但是在内涵的解释上就显得相对单薄，无法对深层次的顾客行为做出解释（Sheth，2015）。因此，更多的学者还是倾向于从多角度的定义出发去理解品牌契合这个概念，以期能更好地解释顾客和品牌之间的关系。例如，Mollen 和 Wilson（2010）通过研究将品牌契合划分为三个维度，分别是持续的认知过程、工具价值以及体验价值。Sheth J N（2015）参考组织行为学的理论，最终将品牌契合划分为四个维度，分别是互动关系、奉献精神、活力以及专注。杨萍（2020）认为品牌契合应该是一个多维度的概念，并且将这个概念进行了维度划分，分别是认知层面、情感层面和行为层面。以上这一些结论以定量和定性两种方式对品牌契合的维度进行探讨。

在此基础上，学者开始使用实证研究的方法探讨品牌契合的维度，张辉和陈晔（2021）以酒店和旅行社两类旅游品牌为研究对象，探讨旅游品牌契合的结构及其对品牌关系质量和重购意向的影响，认为品牌契合的五维度结构，分别是关注、认同、互动、专注和激情。其中，关注体现的是顾客对旅游品牌的关心程度。认同体现了顾客认为自身与旅游品牌具有相同的价值判断后对旅游品牌更加信赖（冀艳璐，2018）。互动体现了顾客与旅游品牌之间相互作用的过程。专注体现了顾客与旅游品牌互动时的投入状态（赵璇，2013）。激情体现了顾客对旅游品牌感到正向情绪以及感兴趣的程度（吴宗佑 等，2013）。此外，Vivek（2009）在其研究中指出品牌契合是一个三维度变量，子维度分别是激情、有意识参与和社会互动。因此，笔者根据前人研究结果将品牌契合维度汇总于表 2.2 中。以上这些实证研究结果，对后续的实证研究提供科学的基础。

表 2.2　品牌契合维度汇总表

作者	维度
Vivek（2009）	激情（passion）、有意识参与（conscious participation）和社会互动（social interaction）
Sheth J N（2015）	互动关系（interaction）、奉献精神（dedication）、活力（vitality）以及专注（focus）
Mirbagheri 和 Najmi（2019）	认知过程（cognitive process）、情感因素（affective factors）和激活因素（activating factors）

2.3.3　旅游目的地品牌契合度概念及维度

有学者对品牌契合度进行初步探索，Lee J H，Lee J M 和 Lee J H （2018）通过统计学分析方法探究了运动品牌产品的品牌认同、品牌态度与购买意愿之间的因果关系，认为品牌契合度对品牌的影响不尽相同，其中品牌契合度对品牌态度有显著影响，但对品牌识别和购买意愿并没有显著的影响。旅游目的地品牌契合作为品牌契合中的一种，将品牌契合应用到旅游行业的研究中，需要重新界定旅游者契合的概念，并需要综合考虑目的地营销实践以及旅游者的价值需求（王甫园，2015）。首先，从旅游目的地营销实践的角度来看，旅游企业应该加强与旅游者之间的互动，争取让旅游者主动获得与旅游目的地相关的信息，包括参与性活动、当地的风俗习惯或者产品等，吸引旅游者前往旅游目的地（刘刘，2007）。其次，从旅游者价值需求的角度来看，旅游目的地应该从情感和体验舒适度两个方面入手，驱使旅游者形成对旅游目的地积极的评价与期望，进而产生重游或者推荐意愿等行为（石运礼，2011）。如果能做到以上两点，则我们认为该旅游目的地品牌与旅游者之间契合度较高。

有关旅游目的地品牌契合度维度的研究，学者们对此有不同的观点。Konecnik 和 Ruzzier（2006）将旅游目的地品牌契合度划分为四个维度，分别为旅游认知、目的地形象、目的地质量和旅游者忠诚度。Boo S，Busser J，Baloglu S（2009）将旅游目的地品牌契合度划分为六个维度，分别为旅游认知、目的地形象、目的地质量、旅游者忠诚度、品牌价值以及品牌体验。Hollebeek 等（2014）将旅游目的地品牌契合度划分为三个维度，分别为认知过程、情感因素和激活因素。在我国，马建峰（2015）从游客的视角对福州三坊七巷旅游目的地品牌资产进行了模型研究，将旅游目的地品牌契合度划分为品牌认知、品牌形象、品牌稀疏性、品牌价值及品牌忠诚五个维度。罗楚等（2016）将旅游目的地品牌契合划分感官体验、情感体验、行为体验和知识体验四个维度。总体而言，本书将旅游目的地品牌契合度定义为旅游者的认知、情感、行为在旅游目的地品牌交互过程中投入的程度。本书维度划分参照 Hollebeek 等（2014）提出的三个维度框架：认知过程、情感因素和激活因素。笔者将旅游目的地品牌契合度维度汇总于表 2.3 中。

表 2.3　旅游目的地品牌契合度维度汇总表

作者	维度
Konecnik 和 Ruzzier（2006）	旅游认知（tourism cognition）、目的地形象（destination image）、目的地质量（destination quality）和旅游者忠诚度（tourist loyalty）
Boo S, Busser J, Baloglu S（2009）	旅游认知（tourism cognition）、目的地形象（destination image）、目的地质量（destination quality）、旅游者忠诚度（tourist loyalty）、品牌价值（brand value），以及品牌体验（brand experience）
马建峰（2015）	品牌认知（brand awareness）、品牌形象（brand image）、品牌稀疏性（brand sparsity）、品牌价值（brand value）及品牌忠诚（brand loyalty）
罗楚等（2016）	感官体验（sensory experience）、情感体验（emotional experience）、行为体验（behavioral experience）和知识体验（knowledge experience）
Hollebeek（2014）	认知过程（cognitive process）、情感因素（emotional factors）和激活因素（activating factor）

2.4　品牌信任研究

2.4.1　品牌信任概念

"信任"（trust）作为日常生活中不可或缺的因素，无时无刻不在影响着人们的生活。信任的概念最初来源于心理学，最本质的意思是相信对方是诚实、可信赖、正直的（马本江，2008）。信任的含义和应用范围尤其广泛，在心理学、营销学、管理学等不同的领域中都有其不同的定义。但不同领域对信任都保有一致的观点就是：信任是涉及交易或交换关系的基础。有关"信任"的研究，直到 20 世纪 80 年代以后才成为西方经济社会学研究的一个焦点，但仅限于经济学领域（Robbins B G，2012）。后来随着社会的发展以及时代的需求，"信任"被逐渐引入不同的领域。在社会学的研究中 Rempel J K，Holmes J G，Zanna M P（1985）认为信任代表着人与人之间的一种社交关系，是最令人渴望的任何亲密关系中的品质。在经济学领域中，信任不仅是一种隐性的道德契约，而且是一种交易过程中的保障（张缨，2001）。李小华等（2011）从制度层面、社会层面和个体层面就卫生领域的信任进行了探讨，认为应从制度、社会环境和个人道德修养三个方面共同构建卫生领域的社会信任。胡凌月（2014）就食品安全领域的信任做了研究，认为消费者食品安全信任既是消费者对食品安全的一种预期，也是一种自愿行为。由此可见，"信任"概念内涵丰富，不同的领域对信任的概念有着不同的解释，无法用几句话解释清楚（Golembiewski R T et al.，1975）。在营销学领域，信任的重要意义被无数实例印证。尤其是在关系营销范畴内，学者引入品牌信任的概念，用其来衡量消费者和企业之间的关系。比一般信任主体更加明确的是品牌信任，它对应的主体是消费者和品牌，之间的关系和目标也更加清晰与明确。因此，本书中对信任的概念的探讨仅限于品牌信任在营销学领域的应用。信任被引入营销学领域是在1990年前后，其对营销的重要性已经在不同的行业中得到验证，尤其是在关系营销范畴内，学者引入品牌信任的概念，用来衡量消费者和企业之间的关系（McAllister D J，1995）。

与一般信任不同的是，品牌信任对应的主体是消费者和品牌，主体更加明确，而且在实际的消费行为中，建立消费者与品牌之间的信任既是获得竞争优势的重要途径，也是企业与消费者形成良好互动的途径（舒咏平，2018）。近年来，有很多学者开始对品牌信任进行研究。较早地，对品牌信任概念进行过详细阐述的学者有Howard和Sheth（1969），他们提出影响购买意向的决定因素之一就是信任度，并且论证了信任度和购买意向之间的正比例关系。另外，提出品牌信任的代表人物有Bennett和Harrell（1975）等人，他们也强调了信任度在顾客购买选择中起到的重要作用。随着近几年对品牌信任研究的不断深入，在学术上品牌信任被分为两大类，分别为品牌信任的单向作用和品牌信任的双向作用。品牌信任的单向作用的代表人物为Elena Delgado-Ballester，他以及相关人员（2001）在相关的研究中提出：信任的关键是产生顾客承诺，其中高卷入购买情景下的作用效果最强。Tulin Erdem（2007）在品牌信任度对消费者价格敏感性影响效果的研究中发现，当消费者在对所在的产品、服务市场信息不对称和对利益把握不恰当的情况下，价格对消费者效用的影响受到品牌信任度的缓冲；当品牌得到消费者的充分信任后或者消费者表现出忠诚后会倾向于忽视该品牌的价格波动且更倾向于传播品牌的正能量。研究还发现顾客对某一品牌的信任会提高他们对该品牌的包容度，即便该品牌在一段时间或某种程度上陷入负面风波、产品与服务的质量下降，消费者仍会忽视这些缺点从而继续购买该商品。从中不难得出，品牌信任在顾客的忠诚度中起到积极的促进作用，能在品牌和顾客之间搭起友好的桥梁。有关品牌信任对品牌忠诚度影响的研究，Lau 和 Lee（1999）认为品牌在消费市场中具有重要的作用，其中对品牌的信任是品牌忠诚度发展的关键因素。品牌的信任与品牌忠诚度之间呈正相关关系，如果消费者感知到了风险，但是仍对该品牌持有非常信赖的态度，即表明对该品牌的信任程度非常高。类似地，Delgado-Ballester（2003）认为品牌信任是指消费者已知存在消费风险，但是对某一企业仍抱有信心，坚持相信该品牌的产品或者服务质量，并产生重复购买行为。Filo K R, Funk D C 和 Alexandris K（2008）认为消费者从企业那里得到了可靠的产品或者服务且满足了其消费需求后，会促进其消费行为，这一切基于对品牌的信任。在我国，袁登华（2007）等认为品牌信任就是在风险情境下，消费者基于对品牌品质、行为意向及其履行承诺的能力的正面预期而产生的认可该品牌的意愿。万广圣和晁钢令认为（2014）品牌信任是企业开展品牌营销的基础，只有建立起品牌信任，消费者才会有购买意愿。谢毅和彭泗清（2014）等人认为消费者的口碑传播意向受品牌信任和品牌情感的共同影响。品牌信任和品牌情感对口碑传播意向的影响分别通过提升品牌态度以及强化态度确定性的路径发挥作用。由此可见，建立品牌信任在营销学中具有重要的作用。其实，有关对信任这一概念的研究是相对宽泛的，例如研究人际关系中的信任，组织关系中的信任，消费者与品牌之间的信任等，这些研究都为学者研究游客和目的地之间的信任提供了理论支持。同样地，我们可以将旅游目的地看作一个品牌，研究游客和该旅游目的地品牌之间的信任关系，其主要侧重研究游客"为什么"会信任所选旅游目的地或者为什么要选择这个目的地，对这个目的地信任会对该旅游目的地营销产生什么样的影响。整理以往的学术研究发现，对于旅游目的地的相关文献，主要集中研究旅游目的地形象的形成过程与生命周期（周年兴，2001）、内涵（高静，2009）、作用（李玺 等，2011）等，对旅游目的地信任的定义、作用机制等的研究相对较少。其正如 Chaudhuri A 和 Holbrook B（2002）的研究结果表明，信任能够显著影响旅游者对旅游目的地的感知。

本书通过梳理旅游领域有关"信任"的文献发现，大部分涉及信任的文章主要针对旅游电子商务领域，即虚拟情况下的"信任"问题。例如，Fam K S, Foscht T, Collins R D（2004）以酒店服务、汽车供应商等为研究对象，认为消费者在做在线购买决定时，信任是至关重要的促成因子。Kim M J, Chung N, Lee C K（2011）通过对经合组织的调查结果的分析，认为韩国网购者约占韩国总人口的三分之二，这也为许多旅游公司为其产品和服务的营销提供了平台，但是要想取得成功，旅游电子商务服务必须是值得信任的。此外，林巧和戴维奇（2008）认为随着互联网在中国的飞速发展，网购逐渐进入人们的日常生活中，继而也衍生出很多网络在线点评的信任问题等。除此之外，谢礼珊等人（2007）的研究表明，导游与游客之间建立信任的程度对游客行为意向具有重要的影响，其中导游的服务质量以及游客对其满意程度是建立游客对导游信任的基础。这种信任也可以以对于某一个旅游企业的信任为对象（Nunkoo R，Ramkissoon H，Gursoy D.，2012）或者是对旅游政府组织的信任为对象（谢礼珊 等，2009）。综合来看，信任问题已经被各个领域的学者应用到研究当中。在旅游领域当中，信任常被认为是降低旅游者感知风险的基础（Guerhan-Canli Z et al.，2004）、直接或者间接提高旅游者满意、加强旅游者忠诚行为的根本（谢礼珊，2007），以及提升旅游者重游意愿的重要影响因素（周佳梅，2016）。

将研究范围聚焦于旅游领域，旅游者将旅游目的地视作一个品牌，旅游者与品牌之间的关系研究日益成为研究重点，这不仅能让旅游体验者感受到"信任"带来的优质体验，也能让旅游企业在日益激烈的旅游市场竞争中崭露头角（熊元斌 等，2014）。旅游者对旅游目的地了解的方式有很多，例如亲自前往体验，在线有关旅游目的地的广告信息或者他人的口头推荐等。因此，笔者根据前人研究进行分析，将旅游目的地品牌信任的建立大致分为以下三个步骤。第一，通过综合各方信息，旅游者形成了旅游目的地的信任感知（认知），这种信任感知通过影响对旅游目的地的印象，进而改变对旅游目的地的自身选择、对旅游目的地的推荐行为等。第二，当旅游者亲身体验后，会对该目的地融入一定的情感因素，并做出一定的判断。第三，当旅游者亲身体验，并觉得该目的地品牌值得信任后，会增加其推荐意愿和重返意愿（姚延波 等，2013）。由此可见，品牌信任对旅游目的地的营销管理有着重要的促进作用，也为旅游企业在旅游竞争中脱颖而出奠定了一定的基础。本书重点探讨旅游者与旅游目的地品牌之间的关系，因此采用何佳讯（2006）的单维度测量方法，更加符合本书的情境。综上所述，本书将品牌信任定义为旅游者预知某一个旅游目的地所提供的产品和服务与自己预期不相符风险的情况下，还愿意承担责任的程度是比较贴切的，这个解释也符合本书的内容。

2.4.2　品牌信任维度

对于品牌信任维度的研究，在不同的研究情境下，学者对信任的理解不同，诠释角度不同，导致品牌信任的维度划分也各不相同。有学者认为品牌信任是一维度变量，也有学者认为品牌信任包含子维度（于春玲，2004）。由于研究结果非常丰富，鉴于篇幅有限，因此本书就简单罗列一些学术界比较核心的研究观点。

较早地，国外学者首先对此概念进行考察，但对信任维度的划分也存在着些许争议。有学者提出，品牌信任是一个单维度变量，例如 Fournie（1994）认为品牌信任是一个简单的单维度变量，是指消费者将该品牌所提供的产品和服务与其自身需求相匹配后的信心程度。如果该品牌能够满足其自身需求，那么其对该品牌的信任程度较高。但更多的学者认为品牌信任是一个多维度变量。例如 Scott（1980）对信任的研究非常细致透彻，将信任的子维度严格地进行了划分，他认为信任是主体对客体的一种态度，并将信任划分为四个维度，分别是信任感、信任认知、未来行为倾向和真正行为。Morrison M 和 Hatfield-Dodds S（2011）认为品牌信任是品牌研究中不可或缺的部分，并开发了品牌信任的量表，提出两个子维度，分别是品牌可靠性以及品牌行为意向。在我国，学者们也对品牌信任进行了研究。康庄和石静（2011）参考以往学者的研究结论，总结得出品牌信任包含两个维度，分别是认知信任和情感信任。潘孟阳（2018）深度探索了品牌信任的结构，最后得出结论，品牌信任应该包含品质信任、品牌善意信任以及品牌能力信任三个维度。姚延波等人（2021）借鉴了营销学中信任的量表，通过访谈等方法，初步开发了旅游目的地的品牌信任量表，认为目的地品牌信任应该包含感知正直、感知友善以及感知能力三个维度。因此，通过梳理文献可知，学术界对品牌信任的维度划分多数倾向于多维度模型。所以，本书结合研究实际并综合考虑中国的文化背景，采用何佳讯（2006）所开发的消费者-品牌关系模型中的品牌信任维度划分。其中，品牌信任作为其中的一个重要方面得到学者的关注。鉴于此，笔者将品牌信任维度汇总于表2.4中。

表2.4　品牌信任维度汇总表

作者	维度
Scott（1980）	信任感（feeling of trust）、信任认知（trust cognition）、未来行为倾向（future behavior tendency）、真正行为（real behavior）
Fournie（1994）	没有子维度（no subdimension）
Morrison M 和 Hatfield-Dodds S（2011）	品牌可靠性（brand reliability）、品牌行为意向（brand behavior intention）
康庄和石静（2011）	认知信任（cognitive trust）、情感信任（emotional trust）
潘孟阳（2018）	品质信任（quality trust）、品牌善意信任（brand goodwill trust）、品牌能力信任（brand ability trust）
姚延波等（2021）	感知正直（perceived integrity）、感知友善（perceived friendliness）、感知能力（perceived ability）

2.5　旅游者忠诚研究

提升旅游者的忠诚度，一直以来都是旅游领域的重要研究课题，对旅游者忠诚的研究不仅能够帮助旅游目的地有针对性地实施市场营销策略、抢占旅游市场，树立真实的品牌形象，而且能够帮助旅游目的地提升品牌的美誉度，提升经营绩效（董晓莉 等，2011）。旅游企业如果想要获得成功，在企业的战略规划中需要将游客的真实想法和旅游体验感受着重考虑，以期提升游客的满意度和忠诚度（黄其新 等，2007）。本小节先从顾客忠诚度的概念入手分析旅游者忠诚度的概念，然后对旅游者忠诚度的维度进行探讨。

2.5.1　顾客忠诚概念

顾客忠诚是营销学领域中常见的概念，很多学者对其定义进行了界定。顾客忠诚一方面指消费者对一种产品或某种服务具有较高的重复购买意愿和频率，另一方面指消费者在购买的同时还伴随着对该产品或服务的较强偏好。Oliver（1999）有关顾客忠诚的观点最早得到了人们的广泛接受，他认为顾客忠诚即顾客在情感和行为上表现出对企业产品或服务的信任和偏好，并对该产品或服务具有较高的重复购买意愿，而且这种购买意愿不因市场事态的变化和替代性产品的营销吸引而产生转移。由于旅游业也属于一种服务业，所以具有了服务业的一般共性。Gremler 和 Brown（1996）提出了服务业顾客忠诚的概念，认为顾客忠诚和顾客重复购买率与企业的产品、服务偏好有关。从相关研究者的研究结果中不难得出，忠诚度高的客户更趋向于购买更多的商品或服务，对价格的敏感性不强，并会主动承担品牌宣传者的作用。阳林（2006）认为顾客忠诚是一种心理状态，一个主观概念，同时它还具有程度的区别，也就是某些顾客看起来比其他顾客更为忠诚，某些顾客在一类产品或服务中可能不止忠于一家公司或品牌。Chi 和 Qu H（2008）认为顾客的总体满意度和属性满意度是影响目的地忠诚度的主要因素，且这种影响是直接而积极的。在有关顾客忠诚的研究中，学者们比较关注的是重复购买的次数和顾客忠诚之间的关系，或者换句话说，就是当重复购买的次数达到一个数值后，才算顾客忠诚。因此，学者们针对忠诚度概念的解释对重复购买的次数产生了争议（李源，2008）。付宣强（2006）认为如果顾客对某一品牌能够产生三次及以上的购买行为，那么表示其对所选品牌是非常忠诚的。但 Lawrence 和 Chrissie（2006）认为顾客连续消费四次及以上才能称之为顾客忠诚。此外，Blattberg R C，Peter P 和 Sen S K（1976）则是从购买比例切入对忠诚度的概念进行界定，并且认为顾客忠诚还可以进行细分，包含对制造商品牌以及销售品牌的忠诚两种。除了从"定量"的角度对顾客忠诚进行解释以外，Oliver（1980）认为顾客忠诚概念是指顾客在未来能够不断重复购买某一种产品或服务的可能性，这种承诺不会因为其他外界因素而发生改变。邵炜钦（2005）在前人研究的基础之上，从顾客忠诚的内涵出发，就游客忠诚进行了界定，认为顾客忠诚是指游客在未来一段时间内，更加倾向于游览某一旅游景点，并且在有闲暇时间及可自由支配收入的前提下，便会前往该目的地，购买相应的旅游产品的行为。同样地，对旅游者的忠诚的概念，也是通过旅游者是否发生"重复购买行为"来判断。也有研究表明，旅游者即便是重游某一个目的地也不一定代表其对该目的地有非常高的忠诚度，例如，一个旅游者出于其他原因陪不同的朋友游览相同的目的地，可能只是为了尽地主之谊（徐金发 等，2005；贾衍菊，2021）。通过对前人研究进行分析，笔者认为旅游者的忠诚的界定并不能用简单的"重购"或者"重游"次数进行界定，而应该是一种"量"和"质"的结合，不仅在量上面要发生重复游览行为，在质上也应该融入自身的情感和意愿，如果同时表现出相当高的推荐意向，那么我们更愿意相信该旅游者的忠诚度较高（粟路军 等，2011）。由此可见，在竞争日益激烈的现代化企业发展中，吸引和留住忠诚的顾客是企业永续发展的重要一环，也是企业利润的重要源泉。

2.5.2 旅游者忠诚度概念

旅游者忠诚度是旅游目的地营销领域中非常重要的议题，主要用来评判旅游者对旅游目的地的满意程度。"旅游者忠诚度"是"顾客忠诚"在旅游领域的演变，最早用来研究休闲娱乐、酒店接待业的相关问题，后来也被用来研究旅游目的地领域的相关现象（梁雅丽，2017）。梳理相关文献发现，有不少有关旅游目的地品牌忠诚度的研究。Backman 和 Shinew（1994）在研究中提出，旅游者对旅游目的地旅游资源的忠诚度，主要表现在该旅游者在享受了所选目的地所提供的服务和设施后，能够再次表现出要重游该目的地的意愿。Opperman（2000）认为旅游者忠诚度主要表现在旅游者的停留时间和重游意愿两方面。如果旅游者在一个旅游目的地停留相对较长的时间，并且重复购买当地产品，则表示该旅游者对旅游目的地的忠诚度较高（王家骏，1994）。在我国，学者主要从旅游者的再次访问目的地的行为、意愿，向他人推荐该旅游目的地的行为、意愿以及对旅游目的地的价格敏感程度等方面来衡量旅游者的忠诚度（孟凡娇，2020）。梁永国和高涵硕（2020）认为游客忠诚度是旅游目的地的宝贵资产，这也就意味着廉价的营销支出和稳定的收入来源。余意峰（2014）从目的地属性感知的视角出发，对游客忠诚度进行了研究，结果表明目的地吸引力和服务质量两大目的地属性均对满意度产生直接的正向影响，并对旅游者忠诚度产生间接的正向影响。其中，目的地吸引力对满意度和忠诚度的影响作用比服务质量更为显著。贾衍菊（2018）从旅游活动过程的角度，探讨旅游者的认知、情感评价对旅游者忠诚度的影响机理与关系路径，认为目的地服务质量的认知对旅游者地方依恋和满意度均有正向显著的影响。此外，乔光辉（2021）等认为"婚姻状况""受教育程度""职业"和"客源地"等都是导致游客满意度与旅游目的地忠诚度之间存在显著差异的重要因素。所以，综合来看，旅游者忠诚度作为一个重要变量，其忠诚度的高低受到了各个方面的影响；从旅游主体（旅游体验者）来说，忠诚度受到个人认知、学历水平等等方面的影响，从旅游客体（旅游目的地）来说，服务质量、旅游体验感都是影响旅游者忠诚度的主要因素。本书将品牌忠诚度作为因变量进行较为深入的研究。

2.5.3 旅游者忠诚度维度

在对旅游者忠诚度进行了大量的研究之后，学术界继而将研究重点转向旅游者忠诚度维度划分的研究，学者们对其有不同的见解。而且，很多学者将旅游者对旅游目的地的忠诚类比为对旅游产品的忠诚，对其进行研究（Baloglu S，2001）。同样地，对旅游者忠诚度维度的划分，学术界也存在争议。C C Frangos，Karapistolis D，Stalidis G，Constantinos F，Sotiropoulos I 和 Manolopoulos I（2015）等人认为旅游者忠诚度是一个维度的变量，旅游者是否进行重复购买可以作为衡量旅游者忠诚度的标准。但大部分学者认为旅游者忠诚是个多维度的变量，例如 Dick（1994）认为作为评判旅游市场竞争力的重要依据，旅游目的地旅游者忠诚度应该被重点研究。他提出，将旅游目的地看作旅游产品，用旅游者是否再次到该地旅游以及是否向亲朋好友推荐该旅游目的地来衡量该旅游者的忠诚度，即将旅游目的地忠诚度划分为以上两个维度。Backman 和 Crompton（1991）将旅游者忠诚度从态度和行为两个方面进行划分。行为忠诚是指旅游者到达该目的地的次数，以及五年后到访该目的地的意愿。态度忠诚是指旅游者对该目的地的认知、情感印象以及后续对该目的地的相关信息的分享等。有学者将旅游者忠诚度划分为重游意愿和推荐意愿。例如 Yoon Y 和 Uysal M（2005）认为目的地管理者应建立更高的游客满意度水平，以创造积极的购后游客行为，从而提高和维持目的地竞争力；Virto N R，Punzón J G，López M F B（2019）的研究结果认为感知关系投资对忠诚有显著的正向影响，而且很多学者认为重游意愿和推荐意愿是两个独立的概念。此外，在对旅游目的地的研究中，Eusébio C 和 Vieira 认为在与其他变量的关系上，推荐意愿比重游意愿发挥的作用更显著。因此，根据已有研究结果，本书也将从重游意愿和推荐意愿两个方面研究旅游者的忠诚度。

随着科技的发展，社交网络已经成为旅游目的地信息传播的重要平台，也为旅游目的地有更多的机会与旅游者发生联系提供了重要的途径，同时也为旅游企业提供了有效的宣传途径（孔婷 等，2021）。在这种大背景下，重游意愿和推荐意愿对一个旅游目的地而言，就变得尤为重要。例如 Litvin（2008）等人研究表明当消费者做出购买决策时，人际影响和口碑被认为是最重要的信息来源，而且这些影响在酒店业和旅游业尤为重要，因为这些行业的无形产品在消费之前很难进行评估。旅游者之间的互动越频繁，一位旅游者的推荐越可能影响另一位旅游者的决策，这种在线口碑营销的影响已在目的地管理中得到了很好的验证（Wang et al.，2004）。除此之外，旅游者之间的互动凸显了品牌契合度对目的地忠诚度的重要性，尤其是在竞争激烈的旅游业中（孙颖，2019）。本书将旅游者目的地忠诚度划分为重游意愿和推荐意愿，并且将重游意愿定义为旅游者对此旅游目的地进行再次访问的意愿，将推荐意愿定义为旅游者通过各种途径（口头、在线等）向其他旅游者分享该旅游目的地信息的意愿。笔者将旅游者忠诚度维度汇总于表 2.5 中。

表 2.5　旅游者忠诚度维度汇总表

作者	维度
Frangos 等（2015）	没有子维度（no subdimension）
Dick（1994）	重游意愿（revisit willingness）、推荐意愿（recommend willingness）
Backman 和 Crompton（1991）	态度（attitude）、行为（behavior）

2.6　本章小结

本章主要针对本书中出现的一些概念进行查阅和梳理。从"地方"概念入手，在进行了探讨后，将其延伸至地方感以及地方依附感进行讨论，最后结合本书研究主体，将其与旅游结合，并对地方依附的旅游学的概念进行了梳理和阐述。旅游目的地作为地方范畴的一种，在对旅游目的地基本概念做了阐述后，将其"品牌"进行融合，梳理了旅游目的地品牌概念，并从"客观主义真实性""建构主义真实性"以及"存在主义真实性"三个层面展开讨论。有关旅游目的地品牌真实性的维度划分标准不一，但通过综合分析，最终确定使用 Morhart F，Malär L，Guèvremont A 等（2015）有关旅游目的地品牌真实性划分的量表，即连续性、信誉、完整性和象征意义四个维度。"契合"作为本书的一个重要变量，本章在对契合的概念做了基本梳理阐述后，将其延伸至顾客和旅游目的地品牌，并分别对顾客契合维度和旅游目的地品牌契合度概念及维度进行划分。旅游目的地品牌契合度维度参照 Hollebeek L D, Glynn M S, Brodie R J. (2014) 提出划分框架，分为认知过程、情感因素和激活因素三个子维度。将"忠诚度"引入本书中，忠诚度是本书研究的重点，先从顾客忠诚入手，对其做了基本阐述，就目前来看，有关顾客忠诚的定义的界定主要还是从定量的角度进行，例如重购次数和频率等。但是这种界定并非完全适用于旅游者忠诚的概念。此外，有关旅游者忠诚度维度的划分也颇具争议，本书参照前人研究结果最终将旅游目的地忠诚度划分为重游意愿和推荐意愿，并且将重游意愿定义为旅游者对此旅游目的地进行再次访问的意愿，将推荐意愿定义为旅游者通过各种途径（口头、在线等）向其他旅游者分享该旅游目的地信息的意愿。综上所述，本章主要是对本书中出现的各个变量及其维度划分的梳理和总结，并为后面章节奠定理论基础。

3　理论假设与研究模型

近年来，有关旅游目的地品牌真实性对旅游者忠诚度的影响的研究层出不穷，研究成果颇丰，俨然已成为学者们研究的热点。但是，由于目的地品牌真实性是旅游企业管理中的一个重要的变量，学者们从各自的专业方向对其进行了不同的研究。本章将基于已有的研究结果先从旅游目的地品牌真实性对旅游者忠诚度影响的相关问题出发进行研究。在本书研究中，旅游者忠诚度包含重游意愿和推荐意愿，从而在原假设基础上，提出子假设，最后构建模型。其具体思路为：①从自变量目的地品牌真实性（连续性、可信度、完整性以及象征意义）出发，研究其对品牌忠诚度的影响（因变量）。②引入中介变量（旅游目的地契合度），同时也研究了中介变量对因变量的影响以及自变量对中介变量的影响。③通过构建模型，从而理清各变量之间的关系。总而言之，本章基于理论构建模型，通过模型转换到实际的变化过程，以期解释旅游目的地品牌真实性对旅游者忠诚度的影响机制。

3.1　概念框架及理论支撑

3.1.1　概念框架

本书主要通过问卷调查（线上调查和线下调查）的形式获得样本数据，以此来构建研究模型，并结合统计学分析，解释各个变量之间的关系。本书以"提出假设-验证假设"思路进行旅游目的地品牌真实性对旅游者忠诚度的影响机制的研究，从而初步构建研究思维框架。在旅游目的地品牌真实性对旅游者忠诚度影响的研究中具体表现为旅游目的地品牌真实性对品牌忠诚度的直接影响，以及旅游目的地品牌真实性通过中介变量目的地品牌契合度对品牌忠诚度的间接影响。同时，将品牌信任引入本书作为调节变量，以探索其在旅游目的地品牌真实性对旅游者忠诚度的影响关系中的调节效应。

3.1.2 理论支撑

学者们对旅游目的地品牌真实性对旅游者忠诚度的影响进行过相关研究。本章将在游客感知价值理论、计划行为理论、拓展建构理论、刺激-机体-反应理论等理论指导下，结合本书实际，提出本书的假设，并按照合理的方式进行假设检验。

3.1.2.1 游客感知价值理论

彼得·德鲁克于 1954 年在其出版的《管理实践》中首次提出顾客感知价值理论，认为顾客购买和消费的不是产品而是价值。1985 年，迈克尔·波特出版了《竞争优势》一书，书中提出的顾客价值链理论为以后顾客感知价值的理论研究奠定了理论基础。到了 20 世纪 90 年代，顾客感知价值在企业界的应用领域得到很大的扩展，理论的普适性有了很大的提升，由制造业扩展到了金融、咨询、传媒、服务及信息等产业领域。在 20 世纪 90 年代的中后期，顾客感知价值的理论被引入旅游学的研究，最早运用于饭店服务的研究，后来研究对象扩展到酒店、旅行社、旅游景区等。将感知价值引入旅游业的相关研究始于 21 世纪初，在借鉴、吸收消费者感知价值理论的基础上，游客感知价值理论在旅游业已得到初步的应用，此后游客感知价值研究成为学术界关注的焦点。目前，旅游研究的各领域已广泛使用游客感知价值理论，涉及服务质量评价、旅游地规划开发、旅游地形象、旅游危机与安全、旅游交通、旅游中介（旅行社、旅游电商）等。

3.1.2.2 计划行为理论

Fishbein（1963）提出的多属性态度理论（theory of multiattribute attitude）为计划行为理论提供了理论来源，他认为个人的行为态度决定其行为意向，而行为结果及结果评估决定着行为态度。Fishbein 和 Ajzen（1975）进一步完善和发展了多属性态度理论，而后提出了理性行为理论（theory of reasoned action），认为个人对某一特定行为的行为意向要受到行为态度和主观规范的影响，而行为意向又决定着这一特定行为的实施。由于现实生活中会出现很多因素干扰个人对行为意志的控制，而理性行为理论又是建立在个人意志能够控制行为发生的假设基础之上的，这与实际情况自相矛盾，因此该理论经不起推敲，制约了自身的使用范围。Ajzen（1985）通过研究发现人们控制态度和行为并不是完全自主的，故在理性行为理论中新增了"知觉行为控制变量"，由此形成计划行为理论（theory of planned behavior，TPB）。计划行为理论提出后，特别是在行为意向的预测和解释方面，被证实能显著提高对行为的预测力和解释力，因此该理论被广泛应用于社会各个领域的研究。计划行为理论认为，人的行为的产生与改变有着复杂的心理过程，而且是深思熟虑的结果。游客环境行为中的态度、主观规范和知觉行为控制等内部影响因素并不直接影响行为本身，而是通过行为意向对行为施加影响。具体来说，个人对某一行为态度越积极且来自周边的规范压力越大，他控制该行为的感知越多，则他采取该行为的意图就会越强烈，采取行动的可能性就越大。个人的某一行为除了受行为意向影响之外，还会受到一些实际控制条件如个人能力、机会以及所获的资源等因素的制约，行为意向在实际控制条件充分的情况下是行为的决定性因素；行为态度、主观规范和知觉行为控制影响行为意向，知觉行为控制由态度的积极程度及周围人群的支持程度决定，态度越积极、支持度越大，知觉行为控制就越强，行为意向就越强。反之，知觉行为控制会变弱，行为意向也会越弱；行为态度、主观规范和知觉行为控制三者之间既彼此独立，又两两相关，它们可能拥有共同的信念基础。

3.1.2.3 拓展建构理论

拓展建构理论（broaden-and-build theory）由学者 Fredrickson 提出，该理论解释了积极情绪对个体的进化适应价值。该理论指出积极情绪不仅反映了个体幸福的状态，而且有利于个体的成长和发展，具有长期的适应价值。Fredrickson 的拓展建构理论指出积极情绪包含两大核心功能：一是短期的拓展功能，二是长期的建构功能。

首先，短期拓展层面，积极情感能够拓展个体认知、行动等的范畴。具体表现在扩大个体的注意力范围，从而获得更宽的知觉视野和更灵活的思维方式。Fredrickson 认为当个体处于积极情感状态时，会产生某种特定的行动趋向，变得更加专注和开放。积极情感能够驱使个体对情境做出注意和努力，并激发个体探索的认知行动，不断获取有利于目标实现的知识和经验。在积极情感状态下，个体会思考更多行动的可能，并倾向于采用新方法、新策略解决问题，个体的思维和行动被极大地拓展。

其次，长期建构层面，积极情感能够为个体带来间接和长远的利益，帮助个体建构诸如身体、智力、心理和社会等层面资源。具体表现在使个体与外界保持高水平的联系，提高个体的认知水平，帮助个体发现和建立重要的资源。这种建构的功能是在"拓展"的基础上实现的，并且已经建构的资源可以长期存储，这使得个体在今后的生活中不断受益。

3.1.2.4 刺激-机体-反应理论

刺激-机体-反应（S-O-R）理论是行为心理学中提出的刺激-反应（S-R）理论的延伸。该理论认为在刺激和行为反应的中间存在其他影响因素，即机体的内部会发生不可直接观测到的变化，这个变化对于行为反应也会产生作用。Mehrabiant 和 Russel 根据环境心理学的背景提出了刺激-机体-反应理论，认为环境刺激可能导致来自顾客内在机体中的情绪反馈，并且这种反馈有可能影响顾客的行为反应。目前，刺激-机体-反应理论被应用于众多领域。Gatautis 等人将刺激-机体-反应理论应用于消费者网络购物行为研究，研究结果显示环境刺激会通过作用于消费者情绪反应，影响消费者对于店铺的选择以及商品购买等行为。Wu 等人通过该理论探索了在线平台特征对消费者态度和购物意图的影响。Su 和 Swanson 的研究发现旅游目的地的社会责任会作用于游客的积极和消极情绪以及对目的地的认知。

3.2 研究假设

3.2.1 旅游目的地品牌真实性与旅游者忠诚度的直接效应

旅游业作为一个新型的产业，在促进国民经济发展中起到了举足轻重的作用，Buhalis（1995）等将旅游目的地定义为一个明确的地理区域，这个区域符合相关规划政策，且这个地理区域在法律框架内可以进行相应的旅游营销活动。而旅游目的地品牌作为一种文化和无形资产，其真实性也受到了人们的关注，旅游目的地品牌建设在旅游业中显得尤为重要。正如母泽亮（2006）的研究认为，旅游产业有着前所未有的发展机遇的同时，也面临激烈的竞争。如果要在这种巨大的挑战下脱颖而出，就要站在品牌战略的高度实施品牌策略与品牌塑造。通过梳理文献，发现近年来许多学者对真实性感知、旅游者满意度、旅游者忠诚度都进行了相应的研究，而且已经从之前的"定性描述"上升为"系统研究"，且研究的范围也越来越广。Ramseook-Munhurrun P，Seebaluck VN 和 Naidoo P（2015）通过构建综合的旅游行为模型，调查了不同阶段游客行为的所有变量之间的结构关系，调查结果表明目的地形象对行为意向（满意度、忠诚度）的影响是通过两种途径实现的，既有直接影响，也有间接影响。Chi 和 Qu（2008）通过数据调查并结合结构方程模型（SEM）对数据进行分析，得出了目的地形象直接影响属性满意度，目的地形象和属性满意度都是总体满意度的直接前因，总体满意度和属性满意度依次对目的地忠诚度产生直接和积极的影响等诸多结论。此外，游客感知价值理论认为当游客对某品牌、旅游目的地等感知到切实存在的价值时，会促进游客的满意度、忠诚度、口碑推荐、重购等行为。而游客在旅游过程中所感知到的有关旅游目的地真实的自然风光、文化遗产、生活风貌等能够提升游客对旅游目的地的价值感知，进而产生一系列积极的影响。比如，Kolar T 和 Zabkar V A（2010）以四个欧洲国家中的 25 处旅游遗址为考察对象，通过构建消费者模型，并通过对模型检验，探究了真实性在文化旅游动机和旅游者忠诚度之间的中介关系。结果表明，在研究文化遗产旅游中高真实性的旅游产品会获得高的旅游者满意度，旅游者的满意度较高，其重游意愿和推荐意愿就较高。在我国，冯淑华等（2007）从旅游者感知的视角出发，以江西婺源古村落为研究对象，构建了古村落"真实感-满意度"的测评模型，研究结果表明旅游者对真实性的感知直接影响到旅游者的满意度和口碑宣传以及重游意愿。吴光锡（2013）选择厦门市同安区五峰村作为研究的实证对象，探讨真实性感知、旅游者的契合程度、景区形象以及旅游者满意度之间的关系，研究得出旅游者契合与旅游者满意度有显著的正向相关关系，旅游目的地形象在真实性感知和旅游者满意度之间起调节作用的结论。

　　本书以贵州省黔东南州千户苗寨作为研究对象，通过问卷调查方式验证旅游者对西江千户苗寨的真实品牌感知，即对黔东南独有的传统习俗的体验对其忠诚度的影响。此外，计划行为理论认为个体的行为受到个体态度的影响，而本书采用问卷调查的方式，受这一调研方式的局限影响，本书采用行为意愿代替实际行为的方法探究真实品牌感知对游客重游意愿和推荐意愿的影响。具体地说，如果旅游者在旅游前期对西江千户苗寨的真实性高度认可，则更容易对该目的地产生信任和忠诚。而且其重游意愿和推荐意愿更强烈，即旅游目的地品牌真实性对旅游者的忠诚度有正向影响。反之，如果旅游者在旅游体验中并未得到所向往的真实感受，或者所期待的服务，从而对旅游目的地品牌真实性持有怀疑态度，那么其重游意愿和推荐意愿会大幅度降低。因此，本书提出如下假设。本书的研究假设汇总如表3.1所示。

H1：旅游目的地品牌真实性对旅游者的忠诚度有正向影响。

此外，本书将旅游者忠诚度划分为重游意愿和推荐意愿，因此有以下两个子假设。

H1a：旅游目的地品牌真实性对旅游者的重游意愿有正向影响。

H1b：旅游目的地品牌真实性对旅游者的推荐意愿有正向影响。

3.2.2 旅游目的地品牌契合度的中介效应

在旅游业中，对旅游体验的真实性的认识已被认为是目的地必不可少的吸引游客的资源，研究表明品牌真实性可增强品牌印象和品牌喜爱度，由此可见，旅游目的地品牌真实性是促使旅游者前往目的地的一个因素（李旭东 等，2007）。旅游目的地品牌真实性是旅游者在浏览旅游产品过程中产生的独有的理解，而根据刺激-机体-反映理论，广告宣传是一种外在刺激，如果广告宣传的内容和实际的目的地品牌差异较大，则会使得旅游者产生不信任的反映，因而导致游客无法与旅游目的地产生良性互动，对该旅游目的地品牌进行重新定位和思考。如果旅游者对目的地品牌的真实性认可程度较高，则更有可能产生积极的情感依赖。正如Wang（2010）认为，品牌契合通常会培养消费者对产品的积极意向。旅游者契合来源于顾客契合。同时，也有研究表明，真实性增强了旅游者的参与度（Bryce D et al.，2015），当目的地品牌的真实性很高时，很大程度上能够满足旅游者的期望，并且旅游者更有可能实现高度的目的地品牌契合度。结合以上研究基础，本书提出以下假设。

H2：旅游目的地品牌真实性对旅游目的地品牌契合度有显著的正向影响。

其实，前人也有过关于旅游目的地品牌真实性对旅游目的地品牌契合度影响的研究，Pearce和Kang（2009）以韩国游客为研究对象，对其对去澳洲的旅游行为进行分析，发现如果旅游者对澳洲这一目的地的品牌契合度不同，则其对该旅游目的地的忠诚度也会有所不同。如果旅游者在旅游整个过程中对该地区的契合度越高，则越容易产生向他人推荐该目的地的意愿，反之则推荐意愿较低。除此之外，Lee（2007）主要研究了去森林旅游的旅游者对目的地品牌的契合度，研究结果表明旅游者在整个休闲过程中，如果参与程度更高，也会对该旅游目的地产生更高的忠诚感，表现在更加主动地向别人推荐该地。Altunel 和 Erkut（2015）对伊斯坦布尔的文化遗产旅游进行了分析，初步描画了一个模型，主要包括旅游体验、满意度、涉入和推荐意愿。此模型证明，旅游者满意度在旅游体验和推荐意愿之间起到部分中介效用。因此，本书提出如下假设。

H3：旅游目的地品牌契合度对旅游者忠诚度具有正向影响。

又因为本书的旅游者忠诚度包含重游意愿和推荐意愿，所以有以下两个子假设。

H3a：旅游目的地品牌契合度对旅游者的重游意愿有正向影响。

H3b：旅游目的地品牌契合度对旅游者的推荐意愿有正向影响。

此外，拓展建构理论认为，积极情绪不仅能拓展个体注意、认知、行动等范畴，而且能为个体带来间接和长远的利益，帮助个体获得诸如身体、智力、心理和社会等层面资源，因此在旅游过程中感知到的积极情绪能够激发游客的积极行为。而旅游者对旅游目的地品牌的真实性感知能够使其对旅游目的地品牌产生积极的情绪，进而激发其投入更多的精力和时间参与到旅游目的地的活动中（曹宁 等，2019）。在整个参与的过程中，旅游者会有更深刻的体验和参与感，其更有可能产生重游和推荐该目的地的意愿。董楠（2019）等以西安市城市旅游为研究对象，通过问卷收集和统计学分析方法的结合，探究目的地品牌个性对游客忠诚度的影响机制。他们认为目的地品牌契合度对旅游者忠诚度有显著的影响作用，且目的地品牌体验在目的地品牌契合与游客忠诚度之间起到部分中介效应。本书以贵州省西江千户苗寨为研究对象，在其品牌真实性对旅游者忠诚度的影响过程中，品牌契合度对其整个影响过程中所产生的中介作用进行研究。鉴于此，本书在 H2 和 H3 的基础上提出中介假设。

H4：旅游目的地品牌契合度在品牌真实性与旅游者忠诚度之间起中介作用。

由于本书将旅游者忠诚度划分为两个子维度，因此又提出以下假设。

H4a：旅游目的地品牌契合度在品牌真实性与旅游者重游意愿之间起中介作用。

H4b：旅游目的地品牌契合度在品牌真实性与旅游者推荐意愿之间起中介作用。

3.2.3 品牌信任的调节效应

一般来说，旅游者对旅游目的地品牌的信任是指在旅游者预知某一个旅游目的地所提供的产品和服务与自己预期不相符的风险情况下，还愿意承担责任的程度（Abrams et al., 2003）。旅游者在未到访过一个目的地之前，通常对该目的地的真实性是一种模糊的状态，即便是在到访之前通过在线的信息拼凑，也只能得到一个大致的轮廓，只有旅游者亲自到访当地，才能够从主观上判断该目的地是否符合自己的心理预期。因此，在这种情景下，对旅游目的地品牌更加信任的旅游者，即便是到达旅游目的地后发现当地的真实性不如自己的预期，也会在一定程度上从自己身上找原因，争取让自己更加融入当地的活动中，即旅游者可能会以更加主动的态度，参与旅游目的地的建设，以此来更加贴近预期的体验。有关旅游目的地品牌信任调节效应的研究，张坤（2018）认为旅游目的地品牌信任对旅游幸福感和旅游者忠诚度均具有正向影响。鄢志武等（2020）就旅游报道中负面报道对旅游目的地信任的影响做了探究，结合统计分析进行了验证。研究结果表明旅游者性格特征在负面报道和感知背叛之间有调节作用。本书以贵州省西江千户苗寨作为研究对象，在探究旅游目的地品牌真实性与品牌契合度之间的关系时，引入品牌信任作为调节变量，因此基于以上的分析，提出以下假设。

H5：品牌信任在旅游目的地品牌真实性与品牌契合度之间起调节作用。

3.3 假设汇总

本书旨在探究旅游目的地品牌真实性对旅游者的忠诚度的影响机制，并提出相应假设。并且将旅游者忠诚度划分为推荐意愿和重游意愿。具体对相关假设进行汇总，如表 3.1 所示。

表 3.1　研究假设汇总

序号	假设
H1	旅游目的地品牌真实性对旅游者的忠诚度有正向影响
H1a	旅游目的地品牌真实性对旅游者的重游意愿有正向影响
H1b	旅游目的地品牌真实性对旅游者的推荐意愿有正向影响
H2	旅游目的地品牌真实性对旅游目的地品牌契合度有显著的正向影响
H3	旅游目的地品牌契合度对旅游者忠诚度具有正向影响
H3a	旅游目的地品牌契合度对旅游者的重游意愿有正向影响
H3b	旅游目的地品牌契合度对旅游者的推荐意愿有正向影响
H4	旅游目的地品牌契合度在品牌真实性与旅游者忠诚度之间起中介作用
H4a	旅游目的地品牌契合度在品牌真实性与旅游者重游意愿之间起中介作用
H4b	旅游目的地品牌契合度在品牌真实性与旅游者推荐意愿之间起中介作用
H5	品牌信任在旅游目的地品牌真实性与品牌契合度之间起调节作用

3.4　研究模型

　　基于前人研究结果，结合本章节的假设推理过程，本书提出一个包含调节变量的中介模型，从自变量（旅游目的地品牌真实性）开始，从有关其连续性、可信度、完整性以及象征意义出发，探究了其对品牌忠诚度的影响。我们将品牌忠诚度划分为重游意愿和推荐意愿两个子维度，即我们对提出的假设是针对推荐意愿和重游意愿两者的。因此，我们提出以下假设：旅游目的地品牌真实性对旅游者的忠诚度有正向影响，对旅游目的地品牌契合度也有显著的正向影响，以及子假设：旅游目的地品牌真实性对旅游者的重游意愿和推荐意愿有正向影响。同时，我们在研究自变量对因变量的影响时，将旅游目的地品牌契合度作为中介变量引入本研究当中，以期研究旅游目的地品牌契合度的中介效应。而且，本书对目的地品牌契合度的研究主要从认知过程、情感因素、激活因素几个方面进行讨论，提出旅游目的地品牌契合度对旅游者忠诚度具有正向影响的假设，主要用于研究在旅游目的地品牌真实性对旅游者忠诚度的影响中，目的地品牌契合度起到的中介作用。此外，本书将品牌信任引入该研究中，作为调剂变量，用以研究品牌信任在旅游目的地品牌真实性与品牌契合度之间起调节作用，并以此提出假设。根据所有的假设，本书绘制了一个清晰的研究框架图，如图3.1所示。后续将通过实证研究，对框架中的每一个假设进行一一验证。

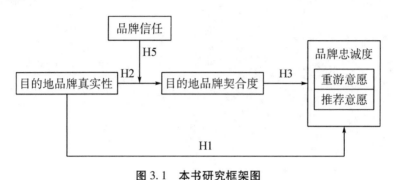

图3.1 本书研究框架图

3.5 本章小结

本章主要通过对现有的学术研究成果进行梳理归纳，结合实际，提出本书的研究框架以及假设。从整体架构来看，本书主要是探讨旅游目的地品牌真实性对旅游者忠诚度的影响。所以，在对旅游目的地品牌真实性和旅游者忠诚度进行系统阐述后，提出假设（H1）旅游目的地品牌真实性对旅游者的忠诚度有正向影响。本书将旅游者忠诚度划分为推荐意愿和重游意愿两个子维度，因此，在此基础上提出子假设（H1a）旅游目的地品牌真实性对旅游者的重游意愿有正向影响和（H1b）旅游目的地品牌真实性对旅游者的推荐意愿有正向影响。但是作为一项系统的研究，决不能仅限于"自变量-因变量"的简单思路。在参考前人研究成果的基础上，将旅游目的地品牌契合度引入本书作为中介变量，主要来探讨其在旅游目的地品牌真实性对品牌忠诚度的影响中所起到的中介作用，所以以此提出假设（H2）旅游目的地品牌真实性对旅游目的地品牌契合度有显著的正向影响和（H3）旅游目的地品牌契合度对旅游者忠诚度具有正向影响，并提出子假设 H3a、H3b、H4a 和 H4b。此外，将品牌信任引入本书作为调节变量，探索其在旅游目的地品牌真实性对旅游者忠诚度的影响关系中的调节效应，以此提出假设（H5）品牌信任在旅游目的地品牌真实性与品牌契合度之间起调节作用。在以上假设的基础上，完成旅游目的地品牌真实性和旅游者忠诚度的研究模型。

4 研究设计与样本情况

4.1 研究目的地选择

4.1.1 西江千户苗寨概述

西江千户苗寨位于贵州省黔东南苗族侗族自治州雷山县东北部的雷公山麓，是中国著名的旅游景点，同时它也是全世界最大的苗族聚居村寨。据统计，这里聚居着 1 200 多户苗族人家，因此有千户苗寨之称（杨天祥，2019）。同时，西江千户苗寨是研究人员参观和探究苗族历史发展进程的最好去处（刘晓妍，2020）。西江千户苗寨自然资源十分丰富，苗寨内还有丰富的森林资源，植被种类繁多，境内森林覆盖率达到了 85.15%。西江的苗族是黔东南苗族的重要组成部分之一，现主要居住的是苗族的"西"氏族（刘贺玮，2018）。作为全世界最大的苗寨，西江千户苗寨拥有深厚的苗族文化底蕴，苗族建筑、服饰、银饰、语言、饮食、传统习俗不但典型，而且保存较好。

西江千户苗寨景区的历史变革，见证了改革开放以来，中国少数民族和西南地区的发展历程，充分展现了中国文化的多样性（申仁柏 等，2015）。苗寨的历史遗迹能够真实反映当时的发展脉络，保存完好的西南风格的建筑能够重现当时的苗族思想精神面貌，为中国少数民族独特风貌的旅游发展做出了表率（吴育标 等，2014）。

4.1.2 西江千户苗寨真实性

4.1.2.1 环境真实性
通常来说，环境格局的改变，例如原有建筑群的破坏、原有传统文化的替代等都会导致原有环境真实性的缺乏（周椅，1996）。贵州省西江千户苗寨之所以能够在激烈的旅游市场中脱颖而出，深得旅游消费者的青睐，最基本的原因是西江千户苗寨丰富的自然生态资源和历史人文资源保留了原有的真实性（Tung Y L，2016）。自然生态资源是指西江千户苗寨内的自然环境。就西江千户苗寨目前的环境而言，依山而建的吊脚楼鳞次栉比，一条白水河潺潺流过，咖啡色的老房子依着碧绿的群山，从山谷到山顶一级一级地蔓延开来，点缀着千户之多的苗寨村落，蔚为壮观。历史认为资源是指历史街道、文物、历史建筑和历史环境要素等。西江千户苗寨每年都会有苗年节、吃新节等传统节日，更有十三年一次的牯藏节，图4.1展示了西江千户苗寨的历史建筑。由此可见，环境的真实性是西江千户苗寨开展旅游活动最客观的存在，如果环境的真实性都无法保证，则会极大降低旅游者的体验（陈望衡，2006）。因此，近年来政府逐渐开始意识到生态环境的重要性，加大了西江千户苗寨的环境保护力度，并且对苗寨内的建筑进行修葺和维护，以期保证原汁原味的西江千户苗寨的特色。

图 4.1　西江千户苗寨历史建筑

4.1.2.2　*体验真实性*

真实性是一个相对的标准，每时每刻都会受到外界环境及自我认知的约束，所以人们对真实性的认知是有所局限的（Ilicic J et al.，2014）。真实性需要足够的时间用辩证的眼光去判断，并非一朝一夕之事。对旅游体验真实性来说，旅游者对一个目的地的评价大多来自自身的真实体验，体验的真实性在很大程度上决定着顾客能否达到预期（游佳，2011）。例如，游客从公众平台或者亲朋好友那里获得了有关旅游目的地的信息，在充分了解后被其中的某个景点所吸引，决定前往，在旅游体验中如果该游客能够感受到自己所期望的体验，则该游客认为该目的地是真实的。而且，体验真实性在很大程度上决定了顾客的满意度（Yagil D et al., 2013）。对于近几年快速发展的西江千户苗寨而言，旅游者通过多种渠道了解这里，去参观游玩，最期待就是能体验到原汁原味的苗族文化、感受浓郁的苗族风情、享受独特的苗族美食，体验独具苗族风格的苗族建筑。所以西江千户苗寨不仅仅是一个观光度假胜地，而且是一个集中国美丽少数民族文化、艺术于一身的景点。旅游者在此是否能领略到多姿多彩的民族文化氛围、欣赏到独特的苗族建筑风格、体会到西南地区文化的与众不同，将影响旅游者对真实性的评价。图4.2展示了西江千户苗寨苗族舞蹈演出，体现了独具一格的苗族风情。

图4.2　西江千户苗寨苗族舞蹈演出图

4.1.2.3　文化真实性

从历史文化的角度来看，西江千户苗寨最初是以蚩尤为首的九黎部落的居住地，苗寨历史悠久，且完好地保存了苗族特有的建筑风格和历史风俗，所以在旅游开发上既要顺应历史发展规律，也要还原历史的原真性（安茹，2014）。因此，当地政府和相关管理企业对西江千户苗寨不仅在保护建筑上花费心力，而且在保护当地居民生活社区氛围等方面也做足了功课。当地政府和相关管理企业在保护当地居民生活社区氛围等方面采取了如下措施：首先，西江千户苗寨打造了历史展示社区，通过社区博物馆对外展示历史变迁过程；其次，鼓励寨内居民结合自身优势探索商业发展方向，开发出各具特色的少数民族民宿，以此在获得一定收入的同时，让前来的旅游者近距离体验苗族人民的生活方式，创造具有特色的各种美食让人们了解苗族的饮食文化。由此可见，文化真实性是旅游者的深层次需求，当前两个真实性得到满足时，旅游者会上升到文化层面，寻求更多的旅游体验（Paiva O et al., 2016）。图4.3真实地展现了西江千户苗寨传统手工艺。

西江千户苗寨旅游目的地具有良好的地理气候、大量的自然资源以及深厚的历史底蕴，吸引着旅游者前往参观游览（罗琪，2015）。但是，在利益驱使下，盲目地对自然景区进行探索式、粗放式的开发，使得旅游景区快速地发展，对本就脆弱的当地生态环境造成了一定程度的影响。这使得西江千户苗寨的生态环境面临前所未有的挑战，从而也影响到旅游者去西江千户苗寨能否体验到纯正风俗民情，能否与当地商家、当地居民形成良性互动，并且在体验之后，是否还有再次旅游的意愿以及能否将其推荐给周围的亲戚朋友。因此，选用西江千户苗寨作为本书的考察对象，旨在探索西江千户苗寨品牌真实性与旅游者忠诚度之间的关系。

图 4.3　西江千户苗寨传统手工艺

4.2　研究问题描述

旅游目的地品牌真实性对旅游者忠诚度、品牌契合度均能产生影响。本章在第二章的基础上，结合第三章理论假设与研究模型，对旅游目的地品牌真实性对旅游者忠诚度的影响进行了实证研究。旅游目的品牌真实性影响着品牌契合度，随之对旅游者忠诚度产生影响。而对旅游企业来说，获得利益最大化的同时，旅游者忠诚度是旅游营销的终极目的。因此，本章在设计旅游目的地品牌真实性对旅游者忠诚度的影响方案时，遵循了旅游目的地品牌真实性通过品牌契合度产生影响，继而对旅游者忠诚度产生影响的变化过程。并且本章参照前人研究结果，将旅游者忠诚度划分为重游意愿和推荐意愿两个维度，换句话说，就是验证旅游目的地品牌真实性是否对重游意愿和推荐意愿产生影响。在第三章进行相关理论梳理后发现，涉及旅游目的地品牌真实性对旅游者忠诚度、品牌契合度相关的研究较少。主要原因是对旅游目的地品牌真实性的研究属于前沿领域，现有的有关旅游目的地品牌真实性对旅游者忠诚度的相关研究多数是没有经过实证的定性分析，故而以此构建出较为清晰的影响机制模型较为困难，因此也使得旅游企业和旅游管理者不知如何制定出有针对性的营销策略，从而提升旅游目的地品牌的竞争力。因此，本书拟采用实证研究法，采用问卷调查（线上调查和线下调查）的方式，以旅游目的地品牌真实性为出发点，采集相关数据，对其间的相关性进行系统分析，进而证明各变量之间是否存在关联性。目的是探究旅游目的地品牌真实性对旅游者忠诚度的影响机制。本书对于实现旅游目的地的价值主张，塑造旅游目的地品牌形象以及建立品牌信任等方面具有重要的指导意义，也为西江千户苗寨旅游景点的优化提供了理论基础，同时也为西江千户苗寨旅游目的地竞争提出了建设性意见。

4.3　问卷设计和量表选择

概念是为了描述某个对象而创造出来的名词，本身是抽象的。虽然有人会对这些抽象的概念用于理解科学产生怀疑，但科学的发展并不能在没有精确测量工具的情境下进行。本书对相关概念进行了归纳总结，并结合前人研究的结果，提出了自己的看法，取其精华，去其糟粕。此外，结合自身的研究实际，本书采用实证研究的方法，运用结构方程模型对各变量之间的关系进行验证。本书测量问题中所需量表参照以往学者的成熟量表，同时，结合自身研究的背景来设计调查问卷，这些将会在下文中逐一体现。

本书主要通过深度挖掘目的地品牌真实性、目的地品牌契合度、旅游者忠诚度以及旅游目的地品牌信任的相关文献，得到了比较权威的量表，用来测量以西江千户苗寨为研究对象时各变量之间的关系。此外，本书为了避免受访者做出模糊的回答，所以在问卷设计时，直接采用5点量表，让受访者在其中做出选择，去掉中立答案选项，要求受访者必须在"不同意"和"同意"之间做出判断，以增强受访者的选择倾向。根据以上的问卷来源描述，将每个变量的题项进行翻译后，整理形成表4.1、表4.2、表4.3、表4.4，后续研究将在此表格的基础上进行内容微调，以适应调查西江千户苗寨品牌目的地的相关问题的情境。

4.3.1 自变量：目的地品牌真实性

本书确定的自变量是目的地品牌真实性。通常，一般人理解的旅游目的地营销就是通过各种途径吸引更多的游客，以此来获得更多的利润，其实，这是不准确的。确切地说目的地品牌就是一种公共产品，但这种产品的每个品牌都具有自己的特质，每个产品都会被打上其独特的烙印。且这种独特的烙印不能被别人复制，也并不能利用其他技术伪装模仿出来，而是自身所固有的一种属性。例如，敦煌莫高窟的壁画能够展示出以佛教特有的西方极乐世界的世界观下，信众对于佛教的崇拜。杭州西湖展示出的是一种"欲把西湖比西子，淡妆浓抹总相宜"的美景。旅游目的地品牌真实性作为旅游品牌中重要的无形资产，有文化真实性、景观真实性、自然资源真实性等，其范围比较广（高燕，2009）。因此，保证目的地品牌的真实性在旅游市场竞争中显得尤为重要。而如何打造旅游目的地品牌真实性，将旅游目的地真实性有机地结合，系统设计而上升到战略高度，也是旅游企业及旅游管理者关注的重点。本书将旅游目的地真实性定义为自变量，旨在探索其对因变量旅游者忠诚度的影响机制，但是这种影响不是直接的简单影响，可以通过品牌契合度这一中介变量起到影响。

本书在2.2.1和2.2.2两个小节的内容中，已对旅游真实性概念以及旅游目的地品牌真实性概念及维度做了简要的概述。总体来看，虽然各学者就目的地品牌真实的维度划分存在争议，但在不同的划分中也存在统一性。鉴于此，本书综合分析了前人研究方法中所采用的旅游目的地品牌真实性的维度划分，最终确定目的地品牌真实性维度采用了 Morhart 等人（2015）文章中所使用的量表。该量表中主要包含14个问题，即将真实性划分为14个维度。整个维度又分为4个子维度，分别为连续性维度，主要包含三个问题；可信性维度，主要包含三个问题；完整性维度，主要包含三个问题；象征性维度，主要包含四个问题。由于其维度划分与本书中的问题相关程度较高，所以本书目的地品牌真实性维度采用此量表。具体见表4.1。

表 4.1　旅游目的地品牌真实性维度量表

构念	编号	题项	来源
目的地品牌真实性	DA1	该目的地品牌是永恒的	Morhart et al., 2015
	DA2	该目的地品牌会一直存在	
	DA3	该目的地品牌坚持潮流	
	DA4	该目的地品牌不会背叛消费者	
	DA5	该目的地品牌信守其价值承诺	
	DA6	该目的地品牌是一个值得信赖的品牌	
	DA7	该目的地品牌会回馈消费者	
	DA8	该目的地品牌具有道德原则	
	DA9	该目的地品牌符合一系列道德价值观	
	DA10	该目的地品牌关心消费者	
	DA11	该目的地品牌使人们的生活更加有意义	
	DA12	该目的地品牌反映了人们所关心的重要价值观	
	DA13	该目的地品牌将人们与真实的自我联系起来	
	DA14	该目的地品牌将人们与真正重要的事物联系起来	

4.3.2　中介变量：目的地品牌契合度

本书将目的地品牌契合定义为中介变量，主要探究在目的地品牌真实性对品牌忠诚度影响的过程中，品牌契合度所起到的中介作用。有关目的地品牌契合的研究，李晓明和张辉（2017）等认为品牌契合行为是顾客因受到动机驱动而对品牌表现出的非交易性行为，是旅游企业提升品牌绩效和获取竞争优势所必需的战略要求。史宛鑫（2020）认为在新兴经济业态的推动下，旅游旅游目的地品牌营销不仅存在差异，而且也面临着巨大的挑战。许多目的地品牌建构思维不明确，欠缺资源整合提炼能力、营销手段，目标和内容亟待转型升级。本书将目的地品牌契合度定义为中介变量，其主要是为了探究在目的地品牌真实性对品牌忠诚度（重游意愿、推荐意愿）的影响过程中，品牌契合所起的作用。但笔者认为，这种影响是多途径的，既可以是直接影响，也可以是通过旅游目的地契合度这个中介变量产生的间接影响。

在当前多途径和多类型构成的旅游服务体验中，契合是旅游战略管理中关键的因素（Wober K et al., 2000）。有关消费领域契合的研究，前人也有了一定的基础。有关旅游目的地品牌契合的研究，王甫园等（2016）以湖南凤凰古城为研究对象，通过问卷调查的方式采集了基础数据，通过数据分析检验契合测量指标，研究界定了旅游者契合，为该地区旅游营销策略及管理导向提供了新思路。So K K F, King C, Sparks B A（2016）等就旅游目的地品牌契合度的维度进行了划分，与本书实际相关契合度更高，因此本书采用 So 等（2016）研究中有关目的地品牌契合的维度量表，提出八项旅游者契合指标（表 4.2），分别为：①该目的地品牌吸引了我的注意力；②在旅行的时候，我会想到该目的地品牌；③在前往该目的地时，激发了我想更了解它的兴趣；④到访该目的地品牌时，我会产生强烈的积极情绪；⑤到访该目的地品牌时让我很高兴；⑥到访该目的地品牌时我感觉很好；⑦到访该目的地品牌时，我感到自豪；⑧与其他目的地品牌相比，我花了很多时间在此停留。主要是将目的地品牌契合度划分为认同、注意、热情、专心致志、社会互动五个维度。

表 4.2　旅游目的地品牌契合度维度量表

构念	编号	题项	来源
目的地品牌契合度	DE1	该目的地品牌吸引了我的注意力	So et al., (2016)
	DE2	在旅行的时候，我会想到该目的地品牌	
	DE3	在前往该目的地时，激发了我想更了解它的兴趣	
	DE4	到访该目的地品牌时，我会产生强烈的积极情绪	
	DE5	到访该目的地品牌时让我很高兴	
	DE6	到访该目的地品牌时我感觉很好	
	DE7	到访该目的地品牌时，我感到自豪	
	DE8	与其他目的地品牌相比，我花了很多时间在此停留	

4.3.3　调节变量：品牌信任

本书将品牌信任定义为调节变量，主要用于研究目的地真实性对品牌忠诚度影响过程中，品牌信任所起的调节作用。品牌信任，简而言之，是指消费者对某品牌信任时，消费者会认为自己所选的某品牌可靠，并且该品牌不会欺骗自己。Chaudhuri A 和 Holbrook M B（2002）认为品牌信任是指消费者能够依赖自己所选择的品牌从而完成其所陈述的功能。柴俊武（2007）的研究认为，品牌信任对品牌态度具有一定的中介作用，而且对品牌契合感知也有一定的调节作用。Hyun H，Park J K 和 Yoo W S（2019）认为线下品牌信任对线下品牌资产与线上满意度和忠诚度之间的关系具有调节作用，而且这种影响也是直观的。本书将品牌信任定义为调节变量，旨在探究品牌信任在对品牌忠诚度影响中的调节作用。

品牌被认为是影响消费市场竞争重要的因素，它们是消费者和企业之间的重要的接口，消费者可以通过培养对品牌的信任和忠诚来提高对品牌的消费能力。Ce Mal，Zehir，Azize，Ahin 等（2011）通过研究表明品牌传播和服务/产品质量的感知可以被视为品牌信任的前因，进而影响品牌忠诚度。笔者认为，品牌信任其实包括两个方面的内容，即品牌的可靠度和品牌承诺，品牌可靠度即品牌能满足消费者对其所需功能的需求，而品牌承诺即能满足消费者对其外在形象和内在质量的需求，如果某个品牌能够同时满足以上两点要求，则该品牌是值得信赖的，即该品牌值得信任。有关品牌信任维度的划分，根据前人研究结果来看，学者们有着不同的划分标准。金玉芳（2005）认为在中国当前消费的背景下，消费者品牌信任应该包括能力表现、诚实善良和总体性的信任三个维度。朱洁和薛云建（2012）通过对电脑市场的调查，探讨了消费者与品牌的关系，认为品牌信任包括能力、善良、认知三个维度。王雅楠等（2009）认为品牌信任由品牌品质信任、品牌善意信任、品牌能力信任和品牌总体信任四个维度构成，且用于测量品牌信任的量表由 18 个条目组成。本书根据 Churchill（1979）对量表测项产生的有关建议，并结合实际研究状况，最终决定品牌信任维度采用何佳讯（2006）文章中的量表，如表 4.3 所示。该量表共包含五个问题：①该目的地品牌吸引了我的注意力；②在旅行的时候，我会想到该目的地品牌；③在前往该目的地时，激发了我想更了解它的兴趣；④到访该目的地品牌时，我会产生强烈的积极情绪；⑤到访该目的地品牌时让我很高兴，且这五个问题均为单维度变量。学者探索了品牌关系质量本土化模型，品牌信任是模型中的一个重要组成部分，经验证信度系数为 0.86，信度良好。具体见表 4.3。

表 4.3　品牌信任维度量表

构念	编号	题项	来源
品牌信任	TR1	该目的地品牌吸引了我的注意力	何佳讯（2006）
	TR2	在旅行的时候，我会想到该目的地品牌	
	TR3	在前往该目的地时，激发了我想更了解它的兴趣	
	TR4	到访该目的地品牌时，我会产生强烈的积极情绪	
	TR5	到访该目的地品牌时让我很高兴	

4.3.4　因变量：旅游者忠诚度

本书将品牌忠诚度定义为因变量（dependent variable），并且将其划分为重游意愿和推荐意愿两个子维度。有关品牌忠诚度的重要性，很多学者认为品牌忠诚度是品牌资产中最核心的部分，品牌忠诚作为品牌资产的重要组成部分，是企业利润增长的关键因素之一（Aaker et al.，1991；陆娟等，2003）。有关影响品牌忠诚度的因子，蔡国良等（2016）以母婴产品市场为研究对象，通过问卷调查并结合模型构建讨论了品牌真实性影响因素，研究结果表明消费者知识和产品感知风险大小对品牌忠诚度存在交互影响。梁隽（2009）认为品牌忠诚度不仅受到品牌本身的影响，而且受到文化差异的影响，例如中美消费者在对风险和自我意识的价值观方面以及对广告的反应方面均存在显著差异，进而表现出不同的品牌忠诚度倾向。由此可见，旅游者忠诚度受到多种因素的影响，在实际研究中，需要综合考虑。本书将旅游者品牌忠诚度作为因变量，在前人研究的基础之上，主要以深度和广度来衡量影响品牌忠诚度的影响因素。

通过 2.5.2 小节中有关旅游者忠诚度的研究结果的梳理，我们发现目前学术界对旅游者忠诚度的概念没有统一的标准，或从在旅游目的地停留时间长短，或从重游意愿以及推荐意愿等进行界定。梁雅丽（2017）认为旅游者忠诚是旅游目的地营销领域中非常重要的议题，主要用来评判旅游者对旅游目的地的满意程度。"旅游者忠诚度"是"顾客忠诚"在旅游领域的演变，最早用来研究休闲娱乐、酒店接待业的相关问题，后来也被用来研究旅游目的地领域的相关现象。梳理相关文献发现，有关旅游目的地品牌忠诚度的研究，Backman 和 Shinew（1994）在研究中提出，旅游者对旅游目的地旅游资源的忠诚，主要表现在该旅游者在享受了所选目的地所提供的服务和设施后，能够表现出要重游该目的地的意愿，因此将重游意愿的概念引入旅游者忠诚度的研究报告中。Opperman（2000）认为旅游者忠诚度主要表现在旅游者的停留时间和重游意愿两方面。如果旅游者在一个旅游目的地停留较长的时间，并且重复购买当地产品，则表示该旅游者对目的地的忠诚度较高。梁永国和高涵硕（2020）认为游客忠诚度是旅游目的地的宝贵资产，这也就意味着廉价的营销支出和稳定的收入来源。我国学者主要从旅游者再次访问目的地的行为、意愿，向他人推荐该旅游目的地的行为、意愿以及对旅游目的地的价格敏感程度等方面来衡量旅游者的忠诚度（孟凡娇，2020）。

有关旅游者忠诚度维度的划分，梁凤苗等（2020）从遗产旅游者角度出发，将旅游者忠诚度划分为情感欢迎、情感亲密、情感认同、共情理解四个维度，通过结构模型法分析，认为情感凝聚直接影响旅游者满意度与忠诚度，而情感凝聚通过满意度的中介作用间接影响旅游者忠诚度；此外，旅游者性别对情感认同与忠诚度之间的关系具有显著的调节作用。匡红云等（2017）将旅游者忠诚度划分为重游意愿及推荐意愿两个维度，并且通过结构方程模型探究了旅游目的地意象和游客满意度对游客忠诚度的影响作用，结果表明旅游目的地意象显著影响游客满意和游客忠诚；游客满意显著影响游客忠诚；游客满意在旅游目的地意象和游客忠诚之间起部分中介作用。本书考虑到研究实际，所以参照刘妍妍（2019）研究方法，将旅游者忠诚度维度分为重游意愿和推荐意愿，如表4.4所示。其中，重游意愿采用了Li（2018）提出的量表，包含如下三个问题：①有机会我愿意再次来这个目的地；②我一直把这个目的地当作我的首选；③我很想再次访问/参观这个目的地。此外，本书推荐意愿参考了Gohary，Pourazizi，Madani和Chan（2018），以及Jones和Farquhar（2003）的量表，包含"我将推荐其他人在网络上访问该目的地""我会在网络上和其他人谈论该目的地""对我来说，访问该目的地的经历是一个很自然的网聊话题"以及一个反向计分题，具体见表4.4。

表 4.4　旅游忠诚度维度量表

构念	编号	题项	来源
重游意愿	RV1	有机会我愿意再次来这个目的地	Li（2018）Gohary Pourazizi, Madani 和 Chan（2018）Jones 和 Farquhar（2003）
	RV2	我一直把这个目的地当作我的首选	
	RV3	我很想再次访问/参观这个目的地	
推荐意愿	RC1	我将推荐其他人在网络上访问该目的地	
	RC2	我会在网络上和其他人谈论该目的地	
	RC3	对我来说，访问该目的地的经历是一个很自然的网聊话题	
	RC4	我不建议其他人在网络上访问该目的地〔反〕	

4.3.5　控制变量

在科学研究中，人们会将自变量以外的一些变量进行控制，从而获得更准确的实验结果。控制变量法已经被应用到诸多研究领域。例如郭秀娟等（2018）在探究教育程度对城市居民幸福感的研究中，将教育程度、健康状况、单位性质、收入水平等作为控制变量。在旅游者行为领域中，龙慧君（2014）等为了探究网站信息呈现方式对旅游信息可信度及消费意向的影响，将被试者的性别、年龄、婚姻状况、教育程度和平均月收入等都纳入控制变量当中。由此可见，学者们通常将旅游者的性别、年龄、受教育水平、薪酬等人口统计学变量作为控制变量，以期降低其对个体的态度和行为的影响，因此，本书同样重点考虑控制这些变量对整个模型框架的影响。

通常来说，男性在旅游目的地选择上较为客观理智，而女性则显得主观感性。旅游者年龄的大小与人生阅历有一定的关联性，所以旅游者年龄对旅游目的地选择也有一定的影响，一般来说，年龄较小的游客偏向于选择具有一定刺激性的旅游目的地，而年龄稍大的游客更倾向于选择文化底蕴深厚的旅游景点。根据前人研究结果，我们发现旅游者受教育程度对旅游者目的地的选择也有显著的作用（李星群，2010）。所以，本书也将其纳入控制变量范围内。

4.4 数据收集及样本情况

本书在获取问卷数据时，由于新冠病毒感染疫情的影响，本次调查研究主要集中于线上发放问卷，但同时考虑到样本量等一些因素的影响，也收取了一部分线下的问卷做补充。本次调查研究的主要操作步骤为：首先，将本次调查的所有问题整理编辑并导入现阶段常用调查问卷软件"问卷星"APP中。其次，在线通过微信群以及朋友圈的形式向可能去过西江千户苗寨的旅游者进行发放，邀请好友完成问卷的填写。调查问卷线上发放的时间主要为2021年9月16日至2021年10月5日。在完成网上问卷调查的同时，研究团队利用2021年国庆假期赴西江千户苗寨景区发放了一部分线下问卷，因为是在景区直接向旅游者发放，所以此部分问卷不用做是否符合访问目的地的筛选，只需要剔除数据质量较差的数据。最后，整理问卷得到以下资料数据：本书共回收线上问卷2 890份，剔除了无效问卷共230份（受访者填写时间少于150秒，此种情况被认定为无效问卷），剩余2 660份有效问卷；线下共回收有效问卷600份，因此，最后共获得3 260份有效问卷，问卷有效回收率为93.41%。其主要信息如表4.5所示。

本次问卷调查主要是将被调查者按照性别、年龄、教育背景、工作年限以及税前月收入进行划分。其中，旅游者年龄划分为18~25岁、26~30岁、31~40岁、41~50岁、51~60岁以及60岁以上六个区段。旅游者教育背景划分为高中及以下学历、大专学历、本科学历、研究生及以上学历四个区段。工作年限划分为 [0, 1)、[1, 3)、[3, 6)、[6, +∞) 四个区段。税前月收入划分为 [0, 3 000)、[3 000, 5 000)、[5 000, 8 000)、[8 000, 12 000)、[12 000, +∞) 五个区段，基本数据见表4.5。根据数据对此次调研样本做简单的分析，参与调查的男性占调查者总人数的比例为47.24%，女性占调查者总人数的比例为52.76%，二者比例相对平均，说明性别的差异对西江千户苗寨的选择没有显著的影响。从旅游者年龄上看，在到访过西江千户苗寨的样本数据中，大部分旅游者的年龄在18~25岁，占总人数的48.77%，接近一半，26~30岁旅游者的比例次之，约为36.20%，由此可见该地区旅游群体相对年轻化。在所有旅游者当中，60岁以上的旅游者仅占全部旅游者数量的2.15%，说明该年龄阶段的人群生活趋于稳定，对旅游的动力不足。综合受访者的教育背景来看，高中及以下学历的旅游者占比例最小，仅为 3.37%，而大专学历的旅游者所占比例最大且超过一半，为 53.99%，而本科学历的受访者占比为 22.09%，另外，还有 20.55% 的受访者为研究生及以上学历，整体而言，旅游者的受教育程度不低。从旅游者工作年限来看，工作年限在 [0，1) 这个区间的旅游者占旅游者总量的 46.93%，位居第一，其次为工作年限为 [1，3) 这个区间，约占总数的 25.77%，而在 [3，6) 这个区间的旅游者数量占游客的总量的比例最小，仅为 11.96%。刚参加工作不久的人，由于环境的改变以及身份角色的改变可能需要更多的自我放松。而工作年限较长的游客，则对工作的适应能力强，所以对旅游的需求不是太强烈。就旅游者薪资水平来看，月收入为在 [0，3 000) 这个区间的旅游者数量最多，占总游客的 35.28%，其次为收入在 [3 000，5 000) 这个区间的游客，占旅游者总数量的 27.3%，收入在 [12 000，+∞) 这个区间的游客占比最少，仅占总游客的 10.12%。

表 4.5　研究样本基本情况 (*N* = 3 260)

变量	类别	人数	百分比/%
性别	男	1 540	47.24
	女	1 720	49.76
年龄	18~25 岁	1 590	48.77
	26~30 岁	1 180	36.20
	31~40 岁	190	5.83
	41~50 岁	120	3.68
	51~60 岁	110	3.37
	60 岁以上	70	2.15
教育背景	高中及以下学历	110	3.37
	大专学历	1 760	53.99
	本科学历	720	22.09
	研究生及以上学历	670	20.55

表4.5(续)

变量	类别	人数	百分比/%
工作年限	[0, 1)	153	46.93
	[1, 3)	840	25.77
	[3, 6)	390	11.96
	[6, +∞)	500	15.34
税前月收入	[0, 3 000)	1 150	35.28
	[3 000, 5 000)	890	27.30
	[5 000, 8 000)	470	14.42
	[8 000, 12 000)	420	12.88
	[12 000, +∞)	330	10.12

从以上的基本情况描述统计表分析可知，此次问卷调查数据具有一定的代表性和典型性，样本中性别比例、年龄结构、受教育程度、工作年限以及税前收入等与本书实际状况较为吻合。因此，该调查样本基本情况变量的结构合理，为今后大样本题项的设计与研究提供了比较可靠和典型的数据来源。

4.5　本章小结

本章首先主要对研究目的地——西江千户苗寨做了系统描述，并且对西江千户苗寨目的地的真实性（环境真实性、体验真实性、文化真实性）做了系统阐述。在此基础上对本书的核心问题做介绍，最终认为有必要对西江千户苗寨这一旅游目的地品牌真实性对该地区旅游者忠诚度的影响机制进行系统研究。因此，在确定本书的研究目标后，进行问卷设计和量表选择。在设计问卷时，我们直接采用五点量表，让被试者在"不同意"和"同意"之间做出判断，去掉中立答案选项。并对本书的变量进行了定义和相关研究阐述。本书将旅游目的地真实性定义为自变量，将旅游者品牌忠诚度定义为因变量，将目的地品牌契合将品牌信任定义为调节变量。此外，结合本书研究的状况，将对旅游者对目的地选择有影响的变量，如旅游者性别、年龄、受教育程度、参加工作的年限以及税前月收入设置为控制变量。此外，由于新冠病毒感染疫情原因，本书通过线上问卷和线下网络问卷相结合的形式进行发放。最后，进行数据采集，调查问卷线上发放的时间主要为 2021 年 9 月 16 日至 2021 年 10 月 5 日。

5 数据分析

5.1 共同方法偏差检验

共同方法偏差分析（common method biases）是指因为同样的数据来源或者评分者、同样的测量环境、项目语境以及项目本身特征所造成的预测变量与效标变量之间人为的共变（黎小瑜 等，2018）。在实际问卷调查中，所有的题目都是由旅游者填写的，而且都是一次性填写，没有多次进行回收，由于不是截面数据，因此无法避免同源方差问题。Podsakoff 等（2003）和熊红星（2021）等认为，在进行统计分析时，虽然共同方法偏差不可避免，但是可以通过采用程序控制和统计控制这两种方法来减少共同方法偏差。前人研究结果表明，在实际的研究中，有方法能够在一定程度上排除共同偏差的影响，即 Harman 单因子检验方法（Harman D，1967；周浩 等，2004）。Podsakoff（2003）等人认为哈曼的单因素测试是最广泛使用的测试方法之一。有关 Harman 单因子检验方法运用于共同偏差分析的研究，Clark K D 和 Maggitti P G（2012）在研究技术公司的高层管理团队效能与企业战略决策关系时，为了排除测量量表的共同方法偏差，在利用 Harman 单因子方法时，采用了 40% 的判断标准。同样地，我国学者一般认为单因子解释的变异不能超过 40%。例如，方敏等（2019）在探究感知教师领导行为，行为调节与小学生体育学习投入的关系的研究中，为了确保量表测量的共同方法偏差，采用 Harman 单因子方法对问卷所有题目进行探索性因素分析，利用了 40% 的判断标准。陆雯等（2019）在促进青年学生锻炼动机的有效路径研究中，也利用 40% 的判断标准。其实，无论是

50%还是40%的判断标准，都是经验标准。因此，本书选择使用50%的判断标准，在数据分析的初始，先用单因子检验方法对数据进行验证。后使用SPSS 22.0软件通过主成分分析法，在未旋转（exploratory factor analysis，EFA）的状态下，分析出第一个因子的方差解释率为41.543%，标准是要求小于50%，说明此次回收的样本数据在可控范围内，数据能够反映样本的真实性。因此，继续进行接下来的数据分析。

5.2 信效度分析

5.2.1 信度分析

本书将采用SPSS 22.0软件对所采集的数据样本进行信度检验。检验的目的是对测量量表的题项进行可靠性检验，考量量表中题项的合理性、可靠性、重线性。通常学者一般采用Cronbach's α系数来判断各个维度是否具有一致性以及整个量表是否能够代表整个研究群体。A值不仅可以准确地反映测量题项的一致性和可靠性，而且能反映出内部结构性的合理性。如果α值越大，则说明测量指标间的相信程度就越高（Nunnally J，1978）。Cuieford（1965）提出了用克隆巴赫信度系数（Cronbach's α系数）来作为问卷执行的评判标准，如果该数值大于0.7，则意味着量表的信度非常高；如果计算得出的数值在0.35~0.7，则意味着量表的信度处于中等水平；如果计算得出的数值小于0.35，则意味着量表的信度非常低，可以直接丢弃此份样本数据，重新进行数据回收。Vet H 等（2017）研究了不同面貌和新应用的机会之间的关系，对调查问卷的可靠性进行研究时，利用Cronbach's α进行界定，以0.7为标准。我国学者韩春红（2010）也在研究中对信度系数标准进行了界定，同样以0.7为界限，只有系数超过0.7，才能保证问卷可靠，进行后续分析时才有理可循。根据两位学者的建议，本书采用此标准，将计算出来的Cronbach's α系数与0.7进行比较。除此之外，本书还将参考Churchill（1979）的标准，对修正后的项与总计相关性（CITC）进行评判，只有其大于0.5，才能保证所有的题项是有效的。

本书在对回收的问卷做了基本的处理之后，使用SPSS 22.0软件进行信度分析检验。首先，对整个量表的所有题目做了信度检验，结果如表5.1所示。此时的 Cronbach's α 系数为 0.977，这说明本书所采用的量表信度非常可靠。然后，依次对每一个变量进行了信度检验，将结果呈现在表5.1中。就目的地品牌真实性而言，其 Cronbach's α 系数为 0.949，目的地品牌契合度的 Cronbach's α 系数为 0.928。品牌信任、重游意愿、推荐意愿的 Cronbach's α 系数分别为 0.891、0.871 和 0.857，每一个变量的 Cronbach's α 系数都大于 0.7，并且 CITC 都大于 0.5，说明每一个题项的可靠度高、题项结构合理、量表内部的一致性非常好，具有研究价值。折半信度（split-half alpha）是指将测量项目按奇偶组分组法，分成两半，分别记分，测算出两组分数之间的相关系数，相关系数越高代表信度越高，或内部一致性程度越高。再据此确定整个测量的信度系数（席仲恩 等，2007）。在统计学分析中，如果折半信度系数大于 0.6，则说明结果可以接受，而且数值越大越好（曹强 等，2013）。熊承清和许远理（2009）等考察了生活满意度量表中文版在民众中使用的信度和效度，统计学分析结果表明量表的 Cronbach's α 系数为 0.78，折半信度为 0.70（大于 0.6），因此生活满意度量表中文版在一般民众中使用具有良好的信度和效度。荀洪景等（2012）分析了负性行为问卷中文版的信度、效度，结果表明问卷总分的 Cronbach's α 系数为 0.915、折半信度系数为 0.898，认为该问卷具有良好的信度和效度，可作为研究工作场所的测量工具。本书通过 SPSS 数据分析表明旅游目的地品牌真实性的折半信度为 0.929，目的地品牌契合度的折半信度为 0.931，品牌信任、重游意愿和推荐意愿的折半信度分别为 0.876、0.865、0.847，均远大于 0.6，进一步说明了该研究中测量量表的各题项的可靠度高、题项结构合理、量表内部的一致性非常好，具有研究价值，调查问卷具有较高的信度。

表 5.1　信度分析结果

构念	题目	CITC	删除项后 Cronbach's α	Cronbach's α	折半信度
目的地品牌真实性	DA1	0.723	0.945	0.949	0.929
	DA2	0.766	0.944		
	DA3	0.728	0.945		
	DA4	0.745	0.945		
	DA5	0.674	0.946		
	DA6	0.782	0.944		
	DA7	0.759	0.944		
	DA8	0.731	0.945		
	DA9	0.805	0.943		
	DA10	0.717	0.945		
	DA11	0.792	0.943		
	DA12	0.705	0.946		
	DA13	0.721	0.946		
	DA14	0.736	0.945		
目的地品牌契合度	DE1	0.744	0.92	0.928	0.931
	DE2	0.737	0.92		
	DE3	0.748	0.919		
	DE4	0.747	0.921		
	DE5	0.656	0.924		
	DE6	0.704	0.922		
	DE7	0.71	0.922		
	DE8	0.812	0.916		
	DE9	0.755	0.919		
	DE10	0.64	0.925		
品牌信任	BT1	0.72	0.871	0.891	0.876
	BT2	0.781	0.857		
	BT3	0.736	0.868		
	BT4	0.74	0.867		
	BT5	0.703	0.875		

表5.1(续)

构念	题目	CITC	删除项后 Cronbach's α	Cronbach's α	折半信度
重游意愿	RV1	0.761	0.81	0.871	0.865
	RV2	0.717	0.849		
	RV3	0.781	0.791		
推荐意愿	RC1	0.665	0.832	0.857	0.847
	RC2	0.678	0.827		
	RC3	0.741	0.802		
	RC4	0.724	0.808		

5.2.2　聚合效度分析

聚合效度（convergent validity），又称收敛效度，强调那些应属于同一因子（指标）下的测量项，测量时确实落在同一因子下面（廖宗义 等，2010）。通俗地说，是指运用不同测量方法测定同一特征时测量结果的相似程度，即不同测量方式应在相同特征的测定中聚合在一起。一般而言，如果某项研究的目的在于进行聚合（收敛）效度分析，则可使用平均提取方差值（average variance extracted，AVE）和组合信度（composite reliability，CR）这两个指标进行分析，如果每个因子的 AVE 值大于 0.5，并且 CR 值大于 0.7，则说明具有良好的聚合效度，同时一般还要求每个测量项对应的因子载荷系数（factor loading）值大于 0.7（Izogo et al.，2016）。有关聚合效度的研究，Khalid B 和 Hunjra A I（2015）从巴基斯坦证券交易所个人投资者的行为角度探讨了投资决策和投资满意度之间的关系，以 100 名投资者作为调查者，通过验证性因素分析检验收敛效度，结果表明每个变量的平均方差提取值大于 0.5，结构信度也大于 0.7，说明该研究所采用的工具的有效性来说是符合的。我国刘秀荣等（2020）针对当前大学生创业逐渐增多，制定了对大学生创业的人格评估工具（问卷），并考察了该创业人格问卷的信度和效度，结果表明该中文创业人格问卷五因子的 AVE 均大于 0.5，CR 均大于 0.7，认为该中文创业人格问卷具有较高的信度和效度，可用于评估大学生群体的创业人格。此外，Tanaka K 等（2003）认为在问卷调查中如果样本数量较大，就存在很大的卡方值，一般样本数大于 200 份即可，而本书采集的样本数明显大于 200，所以，在分析中无须考虑 P

值显著性的问题。

我们使用 Lisrel 8.70 软件对量表中的各个维度的聚合效度进行检验，按步骤分别对五个变量进行验证性因子分析，有效数据呈现在表5.2中。而且本书将旅游者品牌忠诚度分为两个子维度，即旅游者重游意愿和旅游者推荐意愿，因此将有关子维度的聚合效度分析结果呈现在表5.3中。就目的地品牌真实性而言，其 CR 和 AVE 系数分别为 0.957 和 0.611。目的地品牌契合度的 CR 和 AVE 系数分别为 0.941 和 0.614。品牌信任 CR 和 AVE 系数分别为 0.921 和 0.699。此外，就两个子维度旅游者重游意愿和旅游者推荐意愿而言，其 CR 和 AVE 系数分别为 0.92、0.794 和 0.904、0.702。以往研究结果表明，标准因子载荷大于 0.5 且结构信度大于 0.7，说明该维度的聚合效度良好。根据表5.3中数据可以看到，研究中的每个构念的因素载荷都远超过 0.5，结构信度大于 0.7，表明该量表具有良好的聚合效度（Cunningham et al., 2001），可见本测量量表的可靠度高，且测量量表内部的一致性很好，样本数据达到具有研究价值的初步要求，可继续下一步的检验。

表 5.2　聚合效度分析结果

构念	题目	标准化因子载荷	AVE	CR
目的地品牌真实性	DA1	0.786	0.611	0.957
	DA2	0.817		
	DA3	0.790		
	DA4	0.799		
	DA5	0.734		
	DA6	0.818		
	DA7	0.800		
	DA8	0.766		
	DA9	0.824		
	DA10	0.746		
	DA11	0.818		
	DA12	0.737		
	DA13	0.743		
	DA14	0.76		

表5.2(续)

构念	题目	标准化因子载荷	AVE	CR
目的地品牌契合度	DE1	0.799	0.614	0.941
	DE2	0.794		
	DE3	0.803		
	DE4	0.801		
	DE5	0.713		
	DE6	0.762		
	DE7	0.762		
	DE8	0.857		
	DE9	0.82		
	DE10	0.711		
品牌信任	BT1	0.816	0.699	0.921
	BT2	0.871		
	BT3	0.827		
	BT4	0.840		
	BT5	0.825		

表5.3 聚合效度分析结果（重游意愿、推荐意愿）

构念	题目	标准化因子载荷	AVE	CR
重游意愿	RV1	0.891	0.794	0.92
	RV2	0.86		
	RV3	0.921		
推荐意愿	RC1	0.811	0.702	0.904
	RC2	0.822		
	RC3	0.862		
	RC4	0.855		

5.2.3 区分效度分析

区分效度（discriminant validity）是指在应用不同方法测量不同构念时，所观测到的数值之间应该能够加以区分（Daoud J I et al., 2018）。比如在一项测验中，如果你可以在统计上证明那些理应与你的建构（construct）不存在相关性的指标确实同建构没有相关性，那么这项测验便具有区分效度。例如，如果你的理论宣称创意性（creativity）和智力（intelligence）有很大区别，那么相关测验中的创意性得分就应和智力没有关系。有关区分效度的研究，Biesanz J C 和 West S G（2010）在不同测量场合和观察者类型的收敛性和判别有效性的多轨道多方法的探究中利用了区分效度来理解人格评估的理论含义以及两者之间的关系。郭丽娜等（2015）就中文版老年人自我护理能力量表的信效度进行了研究，认为区分效度分析可以有效地评价我国老年人自护能力的状况。本书的区分效度也是通过验证性因子分析的方法进行验证，因此我们使用 Lisrel 8.70 依次对目的地品牌真实性、目的地契合度、品牌信任和旅游者忠诚度进行不同顺序的合并和组合，结果如表 5.4 所示。检验一因子模型、二因子模型、三因子模型以及四因子模型的拟合优度。其中，χ^2/df 是指卡方/自由度，CFI 是指比较拟合指数，TLI 是指 Tucker-Lewis 指数（非规范拟合指数），RMSEA 是指估计误差均方根指数，SRMR 是指决定拟合指数。本书通过分析结果表明（表 5.4），四因子模型中，χ^2/df = 1.729，CFI = 0.93，TLI = 0.93，RMSEA = 0.048，SRMR = 0.059。三因子模型中，χ^2/df = 3.594，CFI = 0.82，TLI = 0.85，RMSEA = 0.125，SRMR = 0.088。就二因子模型来看，模型（DA；DE + BT + TL）中，χ^2/df = 4.134，CFI = 0.81，TLI = 0.82，RMSEA = 0.123，SRMR = 0.092。在单因子模型中，χ^2/df = 6.523，CFI = 0.769，TLI = 0.71，RMSEA = 0.158，SRMR = 0.095。根据 Bentler（1990）的建议标准，χ^2/df < 3，CFI > 0.90，TLI > 0.90，RMSEA < 0.080，以及 SRMR < 0.080，则说明该模型的拟合程度较好。结合本书的分析结果，我们认为四因子模型较好地与数据拟合，能达到适配（拟合）标准且优于三因子、二因子和单因子模型，因此进一步证明四个变量之间存在足够的区分效度，量表适配性良好。这也说明了测量量表构建的四因子模型符合研究的基本要求，因此，可做进一步的研究使用。

表 5.4 区分效度分析结果

模型	χ^2	df	χ^2/df	CFI	TLI	RMSEA	SRMR
四因子模型 DA；DE；BT；TL	1 016.65	588	1.729	0.93	0.93	0.048	0.059
三因子模型 DA；RV；BT+TL	2 443.19	591	3.594	0.82	0.85	0.125	0.088
二因子模型 DA；DE + BT + TL	2 131.24	593	4.134	0.81	0.82	0.123	0.092
单因子模型 DA+ DE+ BT+TL	3 874.66	594	6.523	0.769	0.71	0.158	0.095
标准	—	—	1~3	>0.90	>0.90	<0.080	<0.080

注：DA＝目的地品牌真实性；DE＝目的地品牌契合度；BT＝品牌信任；TL＝旅游者忠诚度。

5.3 描述性统计分析

描述性统计分析（descriptive statistics）是指将调查样本中包含的大量数据资料进行整理、概括和计算，对调查总体所有变量的有关数据进行统计学上的总结。简单来说，其主要内容是以揭示数据分布特性的方式汇总并表达定量数据的方法。主要包括数据的频数分析、数据的集中趋势分析、数据离散程度分析、数据的分布，以及一些基本的统计图形（苏小兰，2009）。近年来，随着旅游业的发展，相关的研究逐渐增多，描述统计学也随之引入旅游学领域（Koster R，2008；F Dayour，2014）。本书对所有数据进行预处理之后，开始分析各个变量之间的关系。同样，使用 SPSS 22.0 软件对各变量进行了相关分析，数据如表 5.4 所示。在此次的问卷中，各研究变量的相关系数都很高，并且多是显著的正向相关关系。就目的地品牌真实性而言，与目的地品牌契合度（0.488**）、品牌信任（0.444**）、旅游者重游意愿（0.546**）、旅游者推荐意愿（0.553**）之间均呈极显著相关关系；目的地品牌契合度与品牌信任（0.507**）、旅游者重游意愿（0.538**）、旅游者推荐意愿（0.561**）之间呈极显著相关关系；品牌信任与旅游者重游意愿（0.383**）、旅游者推荐意愿（0.319**）之间呈极显著相关关系。就旅游者重游意愿与旅游者推荐意愿之间的关系，凌亚君（2016）以合肥市三十岗乡旅游景区为研究对象，对乡村旅游游客满意度进行了研究，认为游客重游意愿和游客推荐意愿之间呈显著的正相关关系。同样地，本书分析结果显示旅游者重游意愿与旅游者推荐意愿之间相关系数为 0.867**，也呈极显著相关关系，与前人研究结果类似。通常而言，相关性是指对两个或多个具备相关性的变量元素进行分析，从而衡量两个因素的相关密切程度（黄彩玉 等，1999）。本书以目的地品牌真实性和品牌信任为例，相关性分析结果表明二者的相关系数为 0.444，目的地品牌真实性与旅游者重游意愿之间的相关系数为 0.546，均呈极显著相关关系。这就意味着，当目的地品牌真实性提高一个单位时，品牌信任相应地会提高 0.444 个单位，旅游者重游意愿会提高 0.546 个单位，其他以此类推。在相关分析的基础上，本书将对中介变量旅游目的地品牌契合度进行层级回归，用以研究其在旅游目的地品牌真实性对旅游者忠诚度影响中所起到的中介作用。但本书由于将旅游者忠诚度划分为重游意愿和推荐意愿两个子维度，所以有关中介效应的检验分开进行，具体见本章节表 5.5。

表 5.5　研究变量均值、标准差及相关矩阵（N = 3 260）

变量	M	SD	1	2	3	4	5
1. 目的地品牌真实性	3.73	0.83	1				
2. 目的地品牌契合度	4.08	0.75	0.488**	1			
3. 品牌信任	3.67	0.99	0.444**	0.507**	1		
4. 旅游者重游意愿	3.74	0.93	0.546**	0.538**	0.383**	1	
5. 旅游者推荐意愿	3.90	0.83	0.553**	0.561**	0.319**	0.867**	1

注：M 代表均值，SD 代表标准差。** p<0.01，* p<0.05。

5.4　假设检验

5.4.1　主效应检验

在前面我们提出了假设（H1），认为目的地品牌真实性对旅游者忠诚度具有正向影响作用。因此，在控制了旅游者的人口统计学变量后，进行回归验证。表 5.6 的分析结果表明，目的地品牌真实性与旅游者重游意愿之间呈极显著正相关关系（M4：$\beta = 0.568$，$p<0.001$），说明目的地品牌真实性对旅游者忠诚度的重游意愿确实有正向影响作用，因此 H1a 得到了验证。此外，如表 5.6 所示，目的地品牌真实性与旅游者推荐意愿显著正相关（M5：$\beta = 0.376$，$p < 0.001$），而且模型中的 F 值也都在 $p<0.001$ 的水平下显著，这说明目的地品牌真实性对旅游者推荐意愿的正向影响作用，因此假设 H1b 得到了验证。综上，假设 H1 得到验证。

表 5.6 回归分析

变量	目的地品牌契合度		旅游者忠诚度		
	M1	M2	M3	M4	M5
截距	4.196***	2.496***	3.659***	1.444***	0.183
旅游者性别	−0.074	−0.063	−0.005	0.008	0.033
旅游者年龄	−0.047	−0.087	0.055	0.01	0.043
旅游者教育背景	−0.018	0.011	−0.005	0.028	0.024
旅游者工作年限	0.077	0.073	0.028	0.022	−0.006
税前月收入	0.037	0.029	0.042	0.033	0.022
目的地品牌真实性		0.491***		0.568***	0.376***
目的地品牌契合度					0.39***
ΔR^2	—	0.239	—	0.319	0.99
R^2	0.015	0.254	0.005	0.324	0.437
F 值	1.193	21.95**	0.416	30.93**	42.856***

注：*** 代表 $p<0.001$，** 代表 $p<0.01$，* 代表 $p<0.05$。

5.4.2 中介效应检验——重游意愿

本书在研究旅游目的地品牌真实性对旅游者忠诚度子维度重游意愿的影响时，对品牌契合度的中介效应进行了检验。主要是运用 SPSS 22.0 软件进行层级线性回归检验。

首先，假设 H2 提出目的地品牌真实性正向影响旅游者目的地品牌契合度。表 5.7 的分析结果表明，目的地品牌真实性与旅游者重游意愿之间呈极显著正相关关系（M2：$\beta = 0.491$，$p < 0.001$），这说明目的地品牌真

实性对旅游者忠诚度的重游意愿有正向影响作用，因此模型2的结果支持了该假设。

其次，我们对中介变量（目的地品牌契合度）和结果变量（重游意愿）之间的关系进行验证。假设 H3a 提出旅游者目的地品牌契合度与旅游者重游意愿存在正相关关系，表 5.7 的分析结果表明，目的地品牌契合度与旅游者重游意愿之间呈极显著正相关关系（M5：$\beta = 0.363$，$p < 0.001$），这说明目的地品牌契合度对旅游者忠诚度的重游意愿有正向影响作用，因此模型5的结果显示支持了该假设。

最后，本书采用 Edwards（2011）等提出的基于 Bootstrapping 的路径分析方法。运用 SPSS 22.0 统计软件中的 Process 程序插件对中介作用做了 Bootstrap 检验，其中样本量为 5 000，观测其 95% 的置信区间。结果如表 5.8 所示，研究结果表明，目的地品牌真实性对旅游者重游意愿的间接效应为 0.196 7，置信区间 95%，CI = [0.134 8，0.258 1]，不包含 0，显著性为 0.031，在 0.05 水平上显著。因此中介效应得到验证，假设 H4a 得到了支持，即旅游目的地品牌契合度在品牌真实性与旅游者重游意愿之间起中介作用。

表 5.7　中介效应分析结果（重游意愿）

变量	目的地品牌契合度		重游意愿		
	M1	M2	M3	M4	M5
截距	4.196 ***	2.496 ***	3.59 ***	1.257 ***	0.137 *
旅游者性别	−0.074	−0.063	−0.007	0.005	0.028
旅游者年龄	−0.047	−0.087	0.052	0.008	0.039
旅游者教育背景	−0.018	0.011	−0.006	0.025	0.021
旅游者工作年限	0.077	0.073	0.038	0.033	0.006
税前月收入	0.037	0.029	0.024	0.015	0.005
目的地品牌真实性		0.491 ***		0.546 ***	0.367 ***
目的地品牌契合度					0.363 ***
ΔR^2	—	0.239	—	0.294	0.99
R^2	0.015	0.254	0.005	0.299	0.398
F 值	1.193	21.95 **	0.037	27.571 **	36.431 ***

注：*** 代表 $p<0.001$，** 代表 $p<0.0l$，* 代表 $p<0.05$。

表 5.8　中介效应 Bootstrap 检验结果（重游意愿）

间接效应	效应系数	显著性	95%区间（5 000）
目的地品牌真实性→旅游者重游意愿	0.196 7	0.031	[0.134 8, 0.258 1]

5.4.3　中介效应检验——推荐意愿

本书提出旅游者目的地品牌契合度与旅游者推荐意愿存在正相关关系（假设 H3b），表 5.9 的分析结果表明，目的地品牌契合度与旅游者推荐意愿之间呈极显著正相关关系（M5：$\beta = 0.391$，$p < 0.001$），这说明目的地品牌契合度对旅游者忠诚度的推荐意愿有正向影响作用，因此模型 5 的结果显示支持了该假设。

表 5.9　中介效应分析结果（推荐意愿）

变量	目的地品牌契合度		推荐意愿		
	M1	M2	M3	M4	M5
截距	4.196 ***	2.496 ***	3.728 ***	1.631 ***	0.558 *
旅游者性别	−0.074	−0.063	−0.002	0.011	0.035
旅游者年龄	−0.047	−0.087	0.055	0.011	0.045
旅游者教育背景	−0.018	0.011	−0.003	0.029	0.025
旅游者工作年限	0.077	0.073	0.014	0.009	−0.02
税前月收入	0.037	0.029	0.059	0.051	0.039
目的地品牌真实性		0.491 ***		0.551 ***	0.359 ***
目的地品牌契合度					0.391 ***
ΔR^2	—	0.239	—	0.301	0.114
R^2	0.015	0.254	0.006	0.307	0.421
F 值	1.193	21.95 **	0.489	28.596 **	40.158 ***

注：*** 代表 $p < 0.001$，** 代表 $p < 0.01$，* 代表 $p < 0.05$。

同样地，对中介效应分析（推荐意愿），本书采用 Edwards（2011）等提出的基于 Bootstrapping 的路径分析方法。运用 SPSS 22.0 统计软件中的 Process 程序插件对中介作用做了 Bootstrap 检验，抽取的样本数为 5 000，观测其 95%置信区间。研究结果如表 5.10 所示，研究结果表明，目的地

品牌真实性对推荐意愿的间接效应为 0.187 8，置信区间 95%，CI =
[0.134 5, 0.244 6]，不包含 0，显著性为 0.000，在 0.05 水平上显著。因
此中介效应得到验证，假设 H4b 得到了支持，即旅游目的地品牌契合度在
品牌真实性与旅游者推荐意愿间起中介作用。

表 5.10　中介效应 Bootstrap 检验结果（推荐意愿）

间接效应	效应系数	显著性	95%区间（5 000）
目的地品牌真实性→旅游者推荐意愿	0.187 8	0.028	[0.134 5, 0.244 6]

5.4.4　调节效应检验

调节效应（moderating effect）意味着两变量之间的因果关系随着调节
变量的取值不同而产生变化（梁巧转 等，2007）。调节效应可以系统性地
改变两个变量之间的形式或者强度，也称为交互作用（interactive effect）。
在这里我们首先要界定几个概念。如果变量 Y 和变量 X 的关系是变量 M 的
函数，称 M 为调节变量（moderator），这样就是说，Y 与 X 的关系受到第
三个变量 M 的影响。举例来说，学生的学习效果和指导方案的关系，往往
受到学生个性的影响；一种方案可能对某类学生很有效果，但对另外一种
学生没有效果。有关调节效应，前人对其进行了大量的研究，并将其应用
在不同的领域，比如农业（朱新开 等，2004）、医学（张彩 等，2004）、
心理学（涂阳军 等，2011）。在旅游学领域，程鹏飞（2018）认为目的地
形象对游客感知服务质量的影响中，旅游者的专业知识具有一定的调节效
应，通过构建模型以及假设检验等统计分析，结果表明认知形象会通过情
感形象这一中介变量对感知服务质量产生间接影响。张安民（2019）运用
了层级回归分析的方法分析了特色小镇旅游获益感知对居民参与的直接影
响以及政治信任的调节效应，结果表明在特色小镇旅游环境获益感知与居
民参与间关系当中，居民的政治信任起到了显著的正向调节作用。本书在
验证了中介效应成立的基础上，在中介模型的第一阶段加入了品牌信任作
为调节变量，研究目的地品牌真实性和品牌契合度之间的关系。因此，使
用 SPSS 22.0 软件中的层级回归的方式对调节变量的作用进行验证。M1 为
因变量旅游目的地品牌契合度对控制变量的回归；M2 为加入调节变量旅
游目的地品牌信任的回归；M3 是加入了自变量旅游目的地品牌真实性和
调节变量旅游目的地品牌信任的回归。具体而言，建立的回归模型如下：

M1 是旅游目的地品牌契合度对控制变量的回归模型，即以基本统计学变量作为自变量，旅游目的地品牌契合度作为因变量构建回归模型；M2 为考虑控制变量影响下旅游目的地品牌契合度对自变量旅游目的地品牌真实性和调节变量旅游目的地品牌信任的回归，即以基本统计学变量作为控制变量，旅游目的地品牌真实性和调节变量旅游目的地品牌信任为自变量，顾客购买意愿作为因变量构建回归模型；M3 为考虑控制变量和调节变量旅游目的地品牌信任的交互项的影响下旅游目的地品牌契合度对自变量旅游目的地品牌真实性的回归模型，即以基本统计学变量作为控制变量，旅游目的地品牌真实性与旅游目的地品牌信任的交互项为自变量，旅游目的地品牌契合度作为因变量构建回归模型，结果呈现在表 5.11 及图 5.1 中。由表 5.11 可知，在以基本统计学变量作为自变量，旅游目的地品牌契合度作为因变量构建的回归模型 M1 中，F 值为 1.193（$p>0.05$）；在以基本统计学变量作为控制变量，旅游目的地品牌真实性和调节变量旅游目的地品牌信任为自变量，顾客购买意愿作为因变量构建的回归模型 M2 中，F 值为 29.855（$p<0.001$）；在以基本统计学变量作为控制变量，旅游目的地品牌真实性与旅游目的地品牌信任的交互项为自变量，旅游目的地品牌契合度作为因变量构建的回归模型 M3 中，F 值为 27.346（$p<0.001$）。以上数据说明本书设计的旅游目的地品牌真实性同旅游者忠诚度影响回归模型拟合程度较好。此外，通过表 5.11 可知，以基本统计学变量作为自变量，旅游目的地品牌契合度作为因变量构建回归模型 M1 中，R^2 为 0.015；在以基本统计学变量作为控制变量，旅游目的地品牌真实性和调节变量旅游目的地品牌信任为自变量，顾客购买意愿作为因变量构建回归模型 M2 中，R^2 为 0.351，旅游目的地品牌真实性和调节变量旅游目的地品牌信任对顾客购买意愿的影响，可被解释变异为 35.1%；在以基本统计学变量作为控制变量，旅游目的地品牌真实性与旅游目的地品牌信任的交互项为自变量，旅游目的地品牌契合度作为因变量构建回归模型 M3 中，R^2 为 0.362，旅游目的地品牌真实性与旅游目的地品牌信任的交互项对旅游目的地品牌契合度的影响，可被解释变异为 36.2%。整体来看，各个模型的 R^2 的 F 值的显著性表明本书回归模型的总体效果是理想的。综合图表数据来看，品牌信任与因变量（目的地品牌契合度）之间不存在相关关系，当将目的地品牌真实性和品牌信任的标准化系数的乘积项放入回归分析中时，交互项的回归效果显著，对此做出解释。当旅游者对西江千户苗寨旅游目的地的品牌

信任度高时，品牌目的地的真实性更容易引发旅游者的契合行为，激发旅游者以更饱满的热情参与到当地的活动中。品牌信任能够调节目的地品牌的真实性和目的地品牌契合度之间的关系，因此调节效应得到验证，假设 H5 得到了支持。

表 5.11　调节效应检验结果

变量	目的地品牌契合度		
	M1	M2	M3
截距	4.196 ***	2.069 ***	1.968 ***
旅游者性别	−0.074	−0.064	−0.066
旅游者年龄	−0.047	−0.055	−0.047
旅游者教育背景	−0.018	0.014	0.008
旅游者工作年限	0.077	0.043	0.041
税前月收入	0.037	0.014	0.019
目的地品牌真实性		0.333 ***	0.337 ***
品牌信任		0.352 ***	0.372 ***
目的地品牌真实性 * 品牌信任			0.108 **
ΔR^2		0.336	0.011
R^2	0.015	0.351	0.362
F 值	1.193	29.855 ***	27.346 *

注：*** 代表 $p<0.001$，** 代表 $p<0.0l$，* 代表 $p<0.05$。

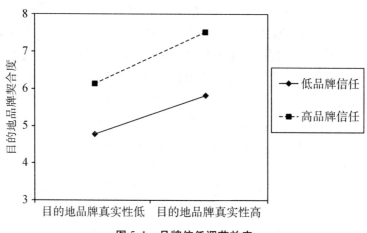

图 5.1　品牌信任调节效应

　旅游目的地品牌真实性对旅游者忠诚度的影响机制研究

5.5 假设检验结果汇总与讨论

5.5.1 假设检验结果汇总

根据前面的中介、调节的数据检验结果，笔者对本书提出的各个假设进行了科学有效的验证，并且对本书存在的子假设也进行了检验。最终，将所有的研究假设验证结果汇总至表 5.12，本书的五条假设以及六条子假设全部成立。

表 5.12 研究假设检验结果

假设	假设内容	检验结果
H1	目的地品牌真实性对旅游者的忠诚度有正向影响	成立
H1a	目的地品牌真实性对旅游者的重游意愿有正向影响	成立
H1b	目的地品牌真实性对旅游者的推荐意愿有正向影响	成立
H2	目的地品牌真实性对目的地品牌契合度有显著的正向影响	成立
H3	目的地品牌契合度对旅游者忠诚度具有正向影响	成立
H3a	目的地品牌契合度对旅游者的重游意愿有正向影响	成立
H3b	目的地品牌契合度对旅游者的推荐意愿有正向影响	成立
H4	目的地品牌契合度在品牌真实性与旅游者忠诚度之间起中介作用	成立
H4a	目的地品牌契合度在品牌真实性与旅游者重游意愿之间起中介作用	成立
H4b	目的地品牌契合度在品牌真实性与旅游者推荐意愿之间起中介作用	成立
H5	品牌信任在目的地品牌真实性与品牌契合度之间起调节作用	成立

5.5.2 假设检验结果讨论

本书使用 SPSS 22.0 软件，对采集的样本数据进行基本信息情况统计、共同方法偏差检验、信效度分析、信度分析、聚合效度分析、区分效度分析、描述性统计分析，得出样本数据符合进一步研究的基本要求的结论。本书共回收线上问卷 2 890 份，剔除了无效问卷共 230 份（受访者填写时间少于 150 秒，这种情况被认定为无效问卷），剩余 2 660 份有效问卷；线下共回收有效问卷600份，因此，最后共获得3 260份有效问卷，问卷有效回收率为93.41%。此外，为保证测量量表中各维度表达的准确性以及题项的合理性、量表结构的稳定性和内部一致性，在参照前人研究基础上，我们对本书出现的量表题项和维度进行了筛选，以确保本书的可行性。

5.5.2.1 旅游目的地品牌真实性对旅游者的忠诚度具有正向影响作用

统计学的实证分析结果表明，旅游目的地品牌真实性对旅游者的忠诚度具有正向影响作用，假设H1通过验证；而且本书将旅游者忠诚度划分为推荐意愿和重游意愿，验证结果显示目的地品牌真实性对旅游者的重游意愿有正向影响，目的地品牌真实性对旅游者的推荐意愿有正向影响，假设H1a、假设H1b通过验证。

综合以上假设检验结果，笔者认为在旅游品牌真实性建设中，除了打造自身的真实性以外，更多地要让旅游者感受到这种真实。在此过程中，旅游企业可以就企业文化、旅游品牌特色、旅游目的地发展战略和方向等与旅游者进行互动，让旅游者真正地参与其中。可以通过问卷调查、发帖、留言等多种形式让旅游者在旅游体验后对该目的地提出建议和意见，也可以进行现场采访。此外，如果旅游者在旅游体验后对该目的地真实性有各种诉求，旅游企业则应该及时回复并且加以改善，并且在改善后邀请旅游者再次体验，这不仅显示出旅游企业对旅游目的地真实性的关注，而且给旅游者一个好的旅游目的地形象。如果旅游体验者能在再次体验后对此有较高的评价，那么就增加了其向他人介绍该目的地的意愿，这种情形也是旅游企业与旅游者之间的互利共赢。这也说明了旅游目的地品牌真实性对旅游者忠诚度，对旅游者重游意愿和旅游者推荐意愿都有正向的影响作用。

5.5.2.2 目的地品牌真实性对目的地品牌契合度有显著的正向影响作用

经过实证分析，假设H2通过验证。实证分析的结果显示，目的地品牌真实性对目的地品牌契合度有显著的正向影响作用，假设H2通过验证。旅游目的地品牌化已成为当前旅游市场竞争的必然趋势，对旅游目的地品牌真实性来说，品牌契合度是影响旅游目的地真实性的一项重要因素。旅游目的地品牌真实性是为旅游目的地吸引游客且区别于其他目的地的一种市场营销和管理手段，现如今的旅游市场，竞争日益加剧，旅游目的地的品牌化效应也日益增强，但是要树立良好的品牌形象也并非容易的事，其中旅游目的地真实性对其的影响作用显著。如果旅游者在旅游体验中感觉到该目的地真实性高，则会认为该旅游目的地品牌契合度高，反之则会觉得该旅游目的地品牌契合度低。另外，旅游企业之间的竞争也已发展到竞争顾客的阶段。中国国内的旅游市场，旅游品牌的同质化也变得越来越严重，因此，旅游目的地品牌真实性是旅游企业竞争的核心要素。旅游目的地品牌真实性越高，则品牌形象越好，品牌契合度也越高。因此，正如本检验结果显示：目的地品牌真实性对目的地品牌契合度有显著的正向影响作用。

5.5.2.3　旅游目的地品牌契合度对旅游者忠诚度具有正向影响

实证分析的结果显示，旅游目的地品牌契合度对旅游者忠诚度具有正向影响，假设 H3 通过验证；旅游目的地品牌契合度对旅游者的重游意愿有正向影响，假设 H3a 通过验证；旅游目的地品牌契合度对旅游者的推荐意愿有正向影响，假设 H3b 通过验证。旅游目的地品牌契合度高首先代表对旅游目的地品牌的认同，主要表现在旅游者旅游目的地品牌是否与旅游者对自身在社会上的地位、身份、价值观等认同。但当旅游者去一个旅游目的地旅游时，旅游者自身感觉该旅游目的地与之社会上的身份不相符，那么旅游者也认为该品牌与自身身份不相符，则旅游者的忠诚度也随之下降。在基本能够满足这些基本诉求的情况下，如果该旅游目的地还能够满足自身的旅游体验，则旅游者对该旅游目的地品牌产生一定的忠诚，正如本检验结果显示：旅游目的地品牌契合度对旅游者忠诚度具有正向影响作用。一般而言，当旅游者体验者在对一个旅游目的地首次体验后，如果该目的地能够满足该体验者的整体需求，能够达到所期望的旅游感受，则会认为该旅游目的地品牌契合度高，继而在以后的旅游体验中，他们再次前往该目的地的意愿则越强烈，即重游意愿强烈。正如检验结果所示，旅游目的地品牌契合度对旅游者的重游意愿有正向影响作用。其实，在我们生活中对某个产品品牌的推荐是比较常见的，比如某个品牌的汽车、某个品牌的家具等。旅游目的地形象作为一种产品，其本质也带上了品牌的标签。如同其他品牌一样，当消费者感受到其真正的价值能够满足自身的需求时，如果在其旅游体验后，对该目的地的印象比较深刻，那么在其与亲朋好友交流旅游相关内容的过程中，则推荐该目的地的意愿更强烈，即推荐意愿强烈。正如实证检验结果表明，旅游目的地品牌契合度对旅游者的推荐意愿有正向影响。

5.5.2.4 旅游目的地品牌契合度在品牌真实性与旅游者忠诚度之间起中介作用

实证分析的结果显示，旅游目的地品牌契合度在品牌真实性与旅游者忠诚度之间起中介作用，假设 H4 通过验证；旅游目的地品牌契合度在品牌真实性与旅游者重游意愿之间起中介作用且有正向影响作用，假设 H4a 通过验证；旅游目的地品牌契合度在品牌真实性与旅游者推荐意愿之间起中介作用且有正向影响作用，假设 H4b 通过验证。旅游目的地品牌化作为旅游目的地管理研究与实践的焦点，同时，作为评价旅游目的地品牌定位是否成功的标准，旅游目的地品牌备受旅游企业及管理者的重视。如果旅游企业能够让旅游目的地品牌与旅游消费者之间高度契合，则旅游者忠诚度也随之提升。前面我们已经提到旅游目的地真实性对旅游者忠诚度有着正向影响作用，其实在整个影响过程中，旅游目的地品牌契合起到了关键作用。在一个旅游目的地对旅游者来说是真实的情况下，旅游者在旅游体验后对该目的地评价较高，继而对该目的地品牌契合度高，会提高其旅游忠诚度，正如检验结果表明，旅游目的地品牌契合度在品牌真实性与旅游者忠诚度之间起中介作用。而且对旅游者来说，真实性较高的旅游目的地，旅游契合度也较高，继而对旅游消费者的重游意愿和推荐意愿起到积极的作用。因此，正如实证分析结果所示，假设 H4a、假设 H4b 通过验证。

5.5.2.5 品牌信任在目的地品牌真实性与品牌契合度之间起调节作用

实证分析结果表明，品牌信任在目的地品牌真实性与品牌契合度之间起调节作用，假设 H5 通过验证。旅游目的地品牌信任，通俗地说是指在面临风险的情况下，旅游体验者依赖和认可某旅游品牌的品质和服务的意愿。当旅游者对某一目的地品牌信任程度较高时，其对该目的地的旅游消费意向增强，在旅游消费体验后，如果感觉到旅游目的地真实性程度和品牌契合度较高，则会提高对品牌的信任度。而当某一旅游目的地品牌具有丑闻报道时，则旅游者的消费意愿下降，在对旅游目的地真实性模糊的情况下，对品牌信任的程度也下降。所以，旅游目的地真实性和品牌契合度越高，品牌信任构建得越好。因此，正如实证分析结果所示，品牌信任在目的地品牌真实性与品牌契合度之间起调节作用。总之，本书通过 SPSS 22.0 和 Lisrel 8.70 软件对相关的假设进行了检验，所有假设均通过了检验。因此说明本书实证分析的结果准确、可靠。

5.6 本章小结

本章在第 4 章"研究设计与样本情况"的基础上，对收集到的数据进行分析。首先，对收集到的样本数据进行共同方法偏差分析，以验证本次回收的样本数据的真实性。其次，根据前人研究建议，将 Cronbach's α 系数引入信度分析板块，用于对测量量表（调查问卷）数据的可靠性进行检验。在以上统计分析的基础上，对样本数据进行了聚合效度分析和区分效度分析，进一步检验了模型构建中样本数据的可靠性和区分度。再次，在整体检验的基础上，对数据进行描述统计性分析。最后，对本书提出的假设进行验证，即对旅游目的地品牌真实性对旅游者忠诚度的影响因素，品牌切合的中介效应检验-重游意愿和中介效应检验-推荐意愿，以及品牌信任的调节效应进行检验，得出目的地品牌真实性对旅游者的忠诚度有正向影响、目的地品牌真实性对旅游者的重游意愿有正向影响、目的地品牌真实性对旅游者的推荐意愿有正向影响；目的地品牌真实性对目的地品牌契合度有显著的正向影响；目的地品牌契合度对旅游者忠诚度具有正向影响；目的地品牌契合度对旅游者的重游意愿有正向影响；目的地品牌契合度对旅游者的推荐意愿有正向影响；目的地品牌契合度在品牌真实性与旅游者忠诚度之间起中介作用；目的地品牌契合度在品牌真实性与旅游者重游意愿之间起中介作用；目的地品牌契合度在品牌真实性与旅游者推荐意愿之间起中介作用；品牌信任在目的地品牌真实性与品牌契合度之间起调节作用。实证分析的结果准确、可靠。

6 结论与启示

本章主要结合本书第5章的数据分析与假设检验的相关研究成果，对本书进行梳理整理，并展示其研究成果；而后结合相关理论与实证结果进行分析、解释现象、总结本书的研究成果及意义，根据研究成果对西江千户苗寨提出企业管理启示，最后，总结本书的局限性与对未来学术发展方向的展望，为后续研究者提供参考性建议。

6.1 研究结论

本书以西江千户苗寨作为研究对象，以目的地品牌的真实性-目的地品牌的契合度-旅游者忠诚度为理论基础，其中，将目的地品牌契合度为作为中介变量，并引入品牌信任为调节变量，依据西江千户苗寨的村寨旅游特点，以本书实际为基础，利用文献研究法和定量分析法，通过理论假设与研究模型的构建，样本数据的获取（问卷调查），数据的分析（共同方法偏差检验、信效度分析、描述性统计分析、假设检验），得出了如下结论：

首先，目的地品牌契合度作为品牌真实性与旅游忠诚度，品牌真实性与旅游者重游意愿以及品牌真实性与旅游者推荐意愿之间的中介变量，在提高旅游者对西江千户苗寨的认同感中具有正向影响。当旅游者对旅游目的地有了充分的了解和认知后，会激发其旅游意愿和积极性，并将自身的情感投入其中，将会更加真切地感受到旅游目的地品牌的真实性，进而正向影响旅游者对目的地的忠诚度。由此可见，提高旅游者的认知、偏好、参与度在旅游目的地品牌交互过程中投入的程度不但能有效激发目标受众的旅游激情和旅游兴趣，而且能有效提高旅游者品牌忠诚度、重游意愿和推荐意愿。

其次，目的地品牌的真实性是目的地品牌契合度、重游意愿和推荐意愿的重要引擎，当旅游目的地真实性较高时，其品牌契合度也随之提高，继而对旅游者忠诚度（重游意愿和推荐意愿）具有正向影响作用。所以，在西江千户苗寨的开发与管理中，管理者和参与者必须对旅游者所追求的"真实性"元素加以重视，这也有助于完善目的地品牌管理方案，给予旅游者想要的"真实感"，从而提高西江千户苗寨在旅游市场中的竞争力。

最后，品牌信任作为中介变量被引入本书，在旅游目的地品牌真实性与品牌契合度之间起调节作用。旅游者对旅游目的地的信任感越强，对旅游目的地的忠诚度影响就越大，推荐意愿和重游意愿也越强烈。品牌信任既是维护旅游者与目的地持久关系的情感纽带，也是塑造良好目的地品牌形象的关键与基础。

6.2 研究启示

第一，本书以西江千户苗寨为研究对象，尝试性地探索了目的地品牌真实性对目的地品牌契合度和旅游者忠诚度之间的关系。目前，学术界缺乏对旅游业目的地真实性和品牌契合度的研究，此次尝试性的探索，希望能够呼吁更多学者使用更全面的模型来探索品牌契合度的前因及结果。因此，在当前的研究中，目的地品牌真实性是目的地驱动的关键因素，被认为是目的地品牌契合的重要前提。结果表明，目的地品牌的真实性是旅游者忠诚度的先决条件，目的地品牌的契合度在这些关系中起着中介作用。此外，目的地品牌的真实性直接影响推荐意愿、重游意愿以及旅游者的忠诚度，当前的研究扩展了目的地品牌契合度和旅游者忠诚度的前因研究。

第二，从实践的角度来看，尽管旅游业已经认识到了真实性的重要性，但是在目的地环境中很少进行品牌真实性研究，因此，目前能够扎实开发当地资源，贴合当地实情开发旅游的景区较少。但是，旅游业正处在快速发展时期，越来越多的旅游者，尤其是注重文化体验的游客开始注重追求原真性体验，因此满足游客对原真性旅游体验的需求成为促进旅游目的地可持续发展的关键点。很多景区在商业化进程中，逐渐丢失了原有的原真形态和原真仪式，这也将直接影响旅游目的地的历史价值与经济价值的提升。

第三，从西江千户苗寨目的地的经营发展来看，可以从以下两方面来提升旅游者的忠诚度。首先，开发应该遵循保持原真性的原则。旅游目的地若出现过度的商业化，则会导致传统历史文化的韵味消失殆尽，旅游者在这样的商业文化空间中也不会有良好的原真性体验。从长远来看，深度挖掘西江千户苗寨的文化底蕴不失为一个优选建议。除此之外，如何让原住居民参与到旅游发展过程中，也是西江千户苗寨发展需要考虑的问题。其次，西江千户苗寨需要创新营销策略，增加"智慧旅游"内容以提升旅游者的契合度。目前，大数据被应用到各种场景以分析旅游者的需求，如果将之引入旅游行业中，那么对旅游者的旅游动机以及旅游结束后的心理反馈进行分析，能够帮助景区制定更加人性化的旅游经营策略，以提升旅游者的契合度。

6.3　研究局限及展望

本书基于前人的研究基础，结合研究的具体情况，提出研究框架、构建模型及编制测量量表（调查问卷），并经实证研究分析，得出上述结果。本书根据相关理论对问卷调查结果（数据）进行统计学分析，在此基础上提出了具体应用方案及对策。但本书主要运用成熟变量来研究贵州西江千户苗寨的真实性问题，初次尝试，尚存在以下几点研究的局限，具体如下：

第一，本书以调查问卷的方式获得样本数据，参与调查者是曾经去过西江千户苗寨的旅游者，而由于新冠病毒感染疫情原因，本次调查主要在旅游软件"问卷星"APP线上完成。填写问卷的旅游者在填写时已距离去西江千户苗寨的间隔时间比较久，因此这样的时间差，可能在一定程度上影响了受访者回忆其在西江千户苗寨的真实经历，导致样本采集的准确程度降低。线下调研时，由于是旅游者正在西江千户苗寨边玩边填写问卷，因此与线上调查相比，在一定程度上减小了误差。故建议今后的研究在条件允许的情况下，尽量采用线下调查的方式，以缩短调查者和游客游览目的地之间的时间间隔，以此来减少评估误差。此外，本书只针对贵州省西江千户苗寨这一旅游目的地，在地域上具有一定的局限性（吴丽霞 等，2011）。所以，在以后的研究中，学者还可以使用此理论框架，结合研究目的地实际状况，对不同的旅游目的地进行研究。

第二，本书主要考察了目的地品牌真实性和目的地品牌契合度对旅游者忠诚度的影响，使用重游意愿和推荐意愿来衡量忠诚度。为了突出研究的重点，本书精简了构建的模型，没有重点研究旅游者忠诚度中推荐意愿和重游意愿之间潜在的关系。其实，有关推荐意愿和重游意愿之间的关系，也应该在类似的研究中被重点考虑（朱峰 等，2015；卢寅，2019）。所以，建议在未来的相关研究中进一步深化研究。

第三，由于本次数据样本关系，本书并未对目的地品牌真实性和目的地品牌契合度的子维度单独检验，而是将各变量作为一阶变量进行整体研究。建议后续研究人员使用探索性因子分析，对二者的子维度进行探索。

第四，本书主要对贵州省西江千户苗寨旅游目的地真实性及品牌契合度进行调查研究，因此研究结果具有局限性，不一定适用全球范围内其他国家（地区）。这也是今后需要深入探讨和研究的领域。此外，本书探讨了目的地品牌契合度对目的地品牌真实性和旅游者忠诚度之间关系的中介作用，可能忽视了其他的影响变量因素，例如品牌知名度或品牌类型以及游客的性格期望值等。希望在未来的研究中研究人员可以将这些变量作为调节或中介变量进行研究探讨。

参考文献

安茹，2014. 西江千户苗寨民居建筑特色及生态意义研究 [D]. 新乡：河南师范大学.

保继刚，1993. 旅游地理学 [M]. 北京：高等教育出版社.

毕斗斗，2005. 浅析我国旅游业发展对就业的促进作用 [J]. 商讯商业经济文荟 (6)：69-72.

蔡国良，陈瑞，赵平，2016. 消费者产品知识和信息推荐代理对品牌忠诚度的影响研究 [J]. 中国软科学 (10)：12，123-134.

蔡茜，殷红梅，2019. 旅游发展背景下民族村寨社会文化时空变迁：以贵州西江苗寨为例 [J]. 企业经济 (11)：55-62.

曹宁，明琴琴，2019. 工业旅游目的地品牌个性对旅游者行为意向的影响 [J]. 品牌研究 (7)：24-29.

曾光敏，王院成，张雪琼，2007. 欠发达地区"本地再现式"民俗文化旅游主题公园发展的机遇与挑战：以赣州市客家民俗文化旅游主题公园为例 [J]. 商场现代化 (12Z)：217-219.

柴俊武，2007. 品牌信任对品牌态度、契合感知与延伸评价关系的影响 [J]. 管理学报，4 (4)：6，425-430.

陈佳琪，2020. 企业产品功能价值对品牌忠诚度的影响研究 [D]. 呼和浩特：内蒙古财经大学.

陈瑞霞，周志民，2018. 文化旅游真实性感知对旅游者忠诚的影响机制研究：基于旅游者幸福感的中介效应 [J]. 商业经济与管理 (1)：61-74.

陈望衡，2006. 试论环境美的性质 [J]. 郑州大学学报（哲学社会科学版），12，9-14.

陈伟军，2014. 消费者绿色品牌真实性感知指标构建与评价［J］. 江汉大学文理学院学报，5（1）：34-38.

陈享尔，蔡建明，2012. 旅游客体真实性与主体真实性集合式关系探讨：以文化遗产故宫为例［J］. 人文地理，27（4）：153-160.

陈享尔，李宏，2010. 时间、载体、体验倾向三种角度下的旅游真实性研究述评［J］. 北京第二外国语学院学报（177）：30-35.

陈懿，2017. 居民对旅游扶贫开发的影响感知，态度与社区参与行为研究：以冕宁县建设村为例［D］. 成都：西南财经大学.

程鹏飞，2018. 游览前目的地形象对游客感知服务质量的影响：游客专业知识的调节效应［J］. 旅游学刊，33（2）：112-122.

崔杰，2008. 西安文化旅游产品开发研究［D］. 西安：西北大学.

大滝厚，谷津进著，邱宏，1987. 数据的收集方法和应用二［M］. 北京：中国经济出版社.

戴斌，1996. 现代旅游：作为一种精神运动的经济现象［J］. 北京第二外国语学院学报，74（6）：14-16.

丁业银，2018. 基于新媒体传播视角的跨界旅游景区品牌重构策略：以"中国情山，武功山"品牌传播为例［J］. 科技经济市场（11）：86-88.

董楠，2019. 城市目的地品牌个性对游客忠诚度的影响研究［D］. 西安：陕西师范大学.

董双，2015. 论卡通形象设计对城市旅游影响力的提升作用［J］. 消费导刊（12）：99-99.

董晓莉，张捷，吴必虎，等，2011. 灾害事件对旅游地意象影响的研究：以九寨沟风景区为例［J］. 地域研究与开发，30（3）：102-107.

段义孚，2006. 人文主义地理学之我见［J］. 地理科学进展，25（2）：1-7.

樊晓婷，卢山冰，2017. 品牌契合研究综述［J］. 金融经济，6（1）：54-55.

方杰，张敏强，2012. 中介效应的点估计和区间估计：乘积分布法、非参数 bootstrap 和 mcmc 法［J］. 心理学报，44（10）：1408-1420.

费广玉，陈志永，2009. 民族村寨社区政府主导旅游开发模式研究：以西江千户苗寨为例［J］. 贵州教育学院学报（6）：34-41.

冯斌, 2008. 旅游目的地品牌竞争力来源分析 [J]. 商业时代 (18): 21-22.

冯俊超, 王庆生, 2017. 旅游管理品牌专业师资团队建设问题探讨: 以天津商业大学为例 [J]. 教育现代化 (39): 72-74.

冯淑华, 沙润, 2007. 游客对古村落旅游的 "真实感–满意度" 测评模型初探 [J]. 人文地理, 22 (6): 85-89.

付美云, 钟声, 2007. 基于人–组织契合的人力资源管理模式研究 [J]. 山东青年政治学院学报 (6): 127-129.

傅显进, 2013. 由关注客体到主体参与的旅游真实性研究 [D]. 大连: 东北财经大学.

高静, 2009. 旅游目的地形象、定位及品牌化: 概念辨析与关系模型 [J]. 旅游学刊, 24 (2): 25-29.

高燕, 2009. 凤凰古城景观真实性感知比较研究 [D]. 长沙: 湖南师范大学.

顾至欣, 2019. 虚拟现实技术在旅游实践教学中的应用: 国内外研究综述与比较 [J]. 太原城市职业技术学院学报, 213 (4): 17-20.

郭伟锋, 董四代, 2011. 旅游活动方式转变与旅游产品转化研究 [J]. 乐山师范学院学报 (10): 88-90.

郭秀娟, 2018. 教育程度对城市居民幸福感的实证分析: 基于 cgss2013 数据库 [J]. 今日财富 (14): 2, 125-126

韩小芸, 余策政, 2013. 顾客契合: 个人心理影响因素及对顾客忠诚感的影响 [J]. 营销科学学报 (2): 12, 99-110.

韩小芸, 胡琳, 张旭文, 2016. 虚拟社区顾客契合对顾客共创价值的影响 [J]. 服务科学和管理, 5 (3): 14, 94-107.

何佳讯, 2006. 品牌关系质量本土化模型的建立与验证 [J]. 华东师范大学学报: 哲学社会科学版, 38 (3): 7, 100-106.

何西伟, 陈治中, 2013. 认同在旅游活动中的表现及对产品开发启示 [J]. 旅游纵览 (下半月) (2): 55-58.

何瑛, 2013. 建构主义原真性视角下卦台山伏羲文化遗产保护开发研究 [J]. 开发研究 (3): 13-16.

何振，2016. 乡村旅游游客忠诚驱动模型构想 [J]. 四川旅游学院学报 (6)：47-49.

贺祥，贺银花，蔡运龙，2013. 旅游活动对民族文化村寨影响效应的研究：以贵州省西江苗寨为例 [J]. 凯里学院学报，31（002）：79-84.

胡黎明，1994. 在新闻实践中把握好真实性原则 [J]. 有线电视（4）：33-34.

胡凌月，2014. 消费者对政府的食品安全信任评价研究 [D]. 长春：吉林大学.

胡志毅，曹华盛，2007. 西方旅游真实性研究综述 [J]. 桂林旅游高等专科学校学报，18（3）：440-443.

黄彩玉，邱中华，1999. 多个随机变量样本统计相关性的另一种度量指标 [J]. 南京邮电大学学报（自然科学版），19（1）：87-91.

黄光文，欧利平，2011. 基于旅游过境地特性和影响因素的开发战略与对策：以江西省资溪县为例 [J]. 企业家天地：中旬刊（2）：3-4.

黄其新，程国平，2007. 基于游客体验的旅游企业竞争战略研究 [J]. 商场现代化（05S）：11-12.

霍改华，2010. 温泉旅游地品牌构建影响因素研究 [D]. 重庆：重庆师范大学.

冀艳璐，2018. 基于消费者视角的企业社会责任对品牌声誉的影响研究 [D]. 西安：陕西师范大学.

贾鸿雁，王金池，2009. 从建构主义真实性看文学资源的旅游开发：以界首镇"汪曾祺水乡风俗园"项目策划为例 [J]. 旅游学刊，25（5）：26-30.

贾衍菊，2018. 旅游者认知与情感评价对目的地忠诚度的影响研究 [J]. 泰山学院学报（2）：66-75.

焦美林，邢可萱，2018. 顾客契合对于品牌忠诚的影响：基于社交媒体 [J]. 现代商贸工业，39（31）：4.

金博宇，陈思霖，2019. "互联网+"背景下大学生特色旅行平台的现状及对策分析 [J]. 度假旅游（4）：11-13.

金丽，2007. 物与像：从旅游者视角看旅游中的真实性 [J]. 合作经济与科

技 （1）：60-61.

金玉芳，2005. 消费者品牌信任研究 ［D］. 大连：大连理工大学.

康庄，石静，2011. 品牌资产、品牌认知与消费者品牌信任关系实证研究
　　［J］. 华东经济管理，25（3）：99-103.

孔婷，孙媛，2018. 提升社交网络对旅游目的地选择影响效果的对策研究
　　［J］. 全国商情·理论研究（31）：72-73.

匡红云，徐继红，陈家瑞，等，2017. 目的地意象对游客忠诚的影响：满意
　　度的中介作用 ［J］. 上海第二工业大学学报，34（2）：134-140.

赖华，赵娜，2020. 品牌真实性的影响及其心理机制 ［J］. 心理学进展，10
　　（2）：83-91.

雷欣欣，2011. 西江千户苗寨旅游开发中的生态保护问题研究 ［J］. 大观
　　周刊（22）：150-151.

冷志明，2005. 旅游目的地品牌研究 ［J］. 边疆经济与文化（12）：1-4.

李爱雄，2017. 茶叶行业顾客满意与顾客忠诚关系实证研究：基于顾客涉
　　入的调节作用 ［J］. 广西职业技术学院学报，10（4）：5，54-58.

李东，黄丹，代传煊，2021. 旅游目的地服务质量，形象感知与重游意愿关
　　系研究：以新疆入境游客为例 ［J］. 新疆财经（6）：46-56.

李鸿飞，2017. 旅游者在旅游目的地选择中的感知风险研究 ［D］. 石家庄：
　　石家庄经济学院.

李金兰，王政，王健，2015. 乡村旅游发展中的个体理性与集体理性冲突：
　　基于西江千户苗寨的个案研究 ［J］. 凯里学院学报（4）：49-51.

李领娣，2019. 山东文学旅游资源与"文学山东" ［J］. 山东青年政治学院
　　学报，35（3）：99-103.

李留青，朱晓宁，2007. 现代旅游产业与电子商务的天然适应性 ［J］. 科技
　　创新导报（2）：114-114.

李善诗，2016. 以游客需求为导向的移动旅游信息服务设计研究：以南京
　　夫子庙为例 ［D］. 南京：南京理工大学.

李树民，支喻，邵金萍，2002. 论旅游地品牌概念的确立及设计构建 ［J］.
　　西北大学学报（哲学社会科学版），32（3）：35-38.

李文勇，谭通慧，刘莉，2018. 旅游网站用户"体验感知-契合行为"关系

研究：基于价值共创视角 [J]. 科技创新与应用 (26)：22-26.

李玺，叶升，王东，2011. 旅游目的地感知形象非结构化测量应用研究：
以访澳商务游客形象感知特征为例 [J]. 旅游学刊，26 (12)：57-63.

李晓明，张辉，2017. 顾客品牌契合行为的心理机制研究：自我决定理论视
角 [J]. 旅游学刊，32 (7)：12，57-68.

李星群，2010. 滨海旅游目的地选择行为比较研究 [J]. 商业研究 (6)：
11-14.

李旭东，张金岭，2007. 旅游真实性理论及其应用 [J]. 陕西理工学院学
报：社会科学版，25 (4)：51-54.

李源，2008. 争议"员工忠诚度"四大热点 [J]. 中外管理 (4)：60-62.

李志斌，2011. 创新发展思路 促进转型跨越：朔州市旅游业跨越发展的途
径 [J]. 中共山西省委党校学报 (4)：6-8.

栗欣如，尤飞，2017. 国家现代农业庄园品牌建设刍议 [J]. 中国农垦
(7)：30-33.

梁凤苗，严艳，朱杉杉，2020. 主客交互视角：情感凝聚与旅游者忠诚度：
以遗产旅游者为例 [J]. 资源开发与市场，36 (2)：8，185-192.

梁隽，2009. 消费者价值观与企业营销策略对消费者品牌忠诚度的影响研
究：基于中美消费者的跨文化研究 [D]. 重庆：重庆大学.

梁明珠，2004. 广深珠区域旅游品牌与旅游形象辨析 [J]. 江苏商论，6
(1)：124-126.

梁巧转，狄桂芳，李娜，2007. 跨层级性别多样性变量在工作满意度和离职
意图之间的调节作用 [J]. 数理统计与管理，26 (3)：9，503-511.

梁雅丽，2017. 旅游者动机，真实性感知及忠诚度的关系研究：以成吉思
汗陵旅游区蒙古族民俗旅游为例 [D]. 南京：南京师范大学.

梁永国，高涵硕，2020. 旅游目的地游客忠诚度研究：以秦皇岛为例 [J].
国土与自然资源研究，(2)：76-80.

林巧，戴维奇，2008. 旅游目的地网络口碑信任度影响因素研究 [J]. 北
京第二外国语学院学报，7 (1)：15-22.

林爽，2011. 旅游真实性研究综述 [J]. 旅游纵览 (11)：24-25.

蔺晓东，2013. 顾客契合行为形成机理研究 [D]. 哈尔滨：哈尔滨工业

大学.

凌亚君, 2015. 乡村旅游游客满意度研究 [D]. 合肥: 安徽农业大学.

刘鹏, 2011. "三农"发展中文化力的中介效应研究: 基于调查问卷的实证检验 [J]. 西南交通大学学报: 社会科学版, 12 (1): 5, 96-100.

刘伟, 樊晓婷, 2018. 在线品牌契合的前因和后果研究 [J]. 软科学, 6, 125-128.

刘伟, 张曼, 2017. 论体验经济背景下的品牌真实性 [J]. 学术前沿 (22): 4, 150-154.

刘晓妍, 2020. 人类学视域下苗族神性"文化空间"的变迁研究: 以西江千户苗寨为例 [J]. 重庆文理学院学报 (社会科学版), 39 (4): 40-49.

刘秀荣, 刘勇, 张本金, 等, 2020. 中文创业人格问卷测评大学生样本的效度和信度 [J]. 中国临床心理学杂志, 28 (1): 11-15.

刘妍, 2018. 基于环境契合度理论的旅游者重游意愿研究 [D]. 西安: 陕西师范大学.

刘妍妍, 2019. 历史文化街区游客涉入, 地方依恋与游后行为意愿的关系研究 [D]. 长春: 吉林大学.

刘刘, 2007. 从旅游者角度看旅游目的地形象的营销意义 [J]. 商场现代化 (03Z): 125-125.

刘又堂, 2018. 桂林市低空旅游开发的综合效益分析 [J]. 广西师范学院学报 (哲学社会科学版), 164 (4): 110-114.

龙慧君, 2014. 网站信息呈现方式对旅游信息可信度及消费意向的影响 [D]. 上海: 上海交通大学.

龙添启, 2020. 移动 APP 中游戏化体验对顾客契合的影响研究 [D]. 桂林: 桂林理工大学.

卢寅, 2019. 茶饮体验的感知与游客行为选择的关联性研究 [D]. 杭州: 浙江工商大学.

陆娟, 张东晗, 崔明杰, 2003. 中西方品牌忠诚度测评研究及应用启示 [J]. 商业经济与管理 (10): 4, 18-20.

罗楚, 沈蕾, 高晗, 2016. 旅游目的地品牌体验对游客忠诚度的作用机制研究 [J]. 东华大学学报 (自然科学版), 42 (5): 752-759.

罗琪, 2015. 浅析西江千户苗寨旅游资源 [J]. 城市建设理论研究（电子版）(6)：1417-1417.

马本江, 2008. 经济学中信任、信用与信誉的概念界定与区分初探：兼论信任问题与信用问题的一致性 [J]. 生产力研究 (12)：11-16.

马建峰, 2015. 基于游客视角的福州三坊七巷旅游目的地品牌资产模型研究 [D]. 福州：福建师范大学.

马轶男, 常小艳, 2019. 旅游目的地品牌形象影响因素实证研究 [J]. 昆明理工大学学报：自然科学版, 44 (1)：138-144.

孟凡娇, 2020. 旅游目的地品牌形象与品牌质量对旅游者品牌忠诚的影响：以山东省运动休闲特色小镇为例 [D]. 济南：山东体育学院.

母泽亮, 2006. 旅游目的地品牌系统建设研究 [J]. 中国市场, 25 (1)：41-58.

潘洁, 2016. 顾客间网络特征对顾客契合行为的影响研究 [D]. 哈尔滨：哈尔滨工业大学.

潘孟阳, 2018. 社会网络视角下关系嵌入对消费者网络团购意愿的影响 [D]. 哈尔滨：哈尔滨商业大学.

潘潘, 2014. 三十年来我国旅游业发展与产业政策的耦合关系 [D]. 西安：陕西师范大学.

皮平凡, 2021. 基于顾客体验价值的旅游目的地品牌管理研究 [J]. 旅游经济 (2)：168-172.

乔光辉, 2015. 生态旅游目的地形象、游客满意度与忠诚度结构模型研究：以云台山世界地质公园为例 [J]. 经济经纬, 32 (6)：6-10.

乔时, 2011. 顾客与服务提供者关系对顾客参与中的自我服务偏见的影响研究 [D]. 天津：南开大学.

卿志军, 2008. 旅游文化传播中震惊产生的心理机制以及调适 [J]. 旅游论坛, 1 (3)：442-445.

陕西虎牙, 2016. 风韵藏古寨 情迷黔东南：西江千户苗寨美如仙境的露天博物馆 [J]. 湖北画报：湖北旅游 (5)：10-13.

邵炜钦, 2005. 旅游目的地游客忠诚机制模式构建 [J]. 旅游科学, 19 (3)：44-47.

申仁柏，石兴安（2015）．旅游主导下少数民族地区乡村经济发展探析：以
　　贵州省"西江千户苗寨"为例［J］．市场论坛（10）：34-37．

石运礼，2011．旅游者对目的地感知评价及其对重游决策的影响［J］．中
　　国商贸（11X）：158-159．

史宛鑫，2020．变革背景下旅游目的地品牌营销挑战和困境探析［J］．旅
　　游纵览，330（21）：37-39．

舒咏平，2018．寻找有效的品牌理论：品牌原则大家谈：品牌：信誉主体
　　与信任主体的关系符号［J］．国际品牌观察（8）：19-21．

宋振春，陈方英，宋国惠，2006．基于旅游者感知的世界文化遗产吸引力研
　　究：以泰山为例［J］．旅游科学，20（6）：28-34．

苏小兰，2010．广西大明山自然保护区生态旅游可持续发展研究［D］．南
　　宁：广西大学．

粟路军，黄福才，2011．旅游者满意与旅游者忠诚的关系研究：观光旅游
　　者与乡村旅游者比较分析［J］．旅游学刊，26（11）：39-45．

孙颖，2019．旅游目的地品牌认知对游客忠诚的影响研究：以皖北文化生
　　态旅游区为例［J］．洛阳师范学院学报（3）：4，18-21．

孙苑苑，2016．基于依恋理论的网站顾客契合行为研究［D］．大连：东北
　　财经大学．

汤丹丹，温忠麟，2020．共同方法偏差检验：问题与建议［J］．心理科学
　　（1）：9，215-223．

涂阳军，郭永玉，2011．生活事件对负性情绪的影响：社会支持的调节效应
　　与应对方式的中介效应［J］．中国临床心理学杂志，19（5）：652-655．

万广圣，晁钢令，2014．消费者品牌信任研究述评与展望［J］．现代管理科
　　学（8）：42-44．

汪恒言，姜洪涛，石乐，2019．户外音乐节参与者体验和满意度对忠诚度的
　　影响机制：以太湖迷笛音乐节为例［J］．地域研究与开发，38（6）：
　　112-120．

汪京强，林静远，李丹，等，2018．旅游目的地品牌个性认知机制探索及应
　　用：以一项大学生游客ERP实验为例［J］．南开管理评论（4）：206-218．

王栋梁，李万莲，胡旺盛．基于体验视角的旅游目的地品牌塑造研究［J］．

广西财经学院学报 (2)：119-124.

王芳恒，1994. 存在主义哲学与尼采哲学之关系考 [J]. 贵州民族学院学报
（哲学社会科学版）(4)：22-26.

王甫园，许春晓，王开泳，2019. 旅游者与目的地契合的概念与测量 [J].
资源科学，41 (3)：29-41.

王甫园，2015. 旅游者契合对目的地忠诚的作用机理研究 [D]. 长沙：湖
南师范大学.

王高山，于涛，张新，2014. 电子服务质量对用户持续使用的影响：顾客契
合的中介效应 [J]. 管理评论 (10)：126-136.

王欢芳，2010. 社区参与：推进我国红色旅游发展的有效途径 [J]. 企业
家天地（中旬刊）(11)：11-12.

王婧，张松，2018. 真实经济视角下的遗产旅游持续发展机制研究 [J]. 建
筑与文化 (12)：183-186.

王宁. 旅游现代性与"好恶交织"：旅游社会学的理论探索 [J]. 社会学研
究，1999，6 (1)：93-102.

王荣珍，2012. 旅游体验营销策略研究 [D]. 青岛：中国海洋大学.

王文文，2012. 海滨沙滩旅游区游客拥挤感知对调适行为及忠诚度影响研
究 [D]. 西安：陕西师范大学.

王雅楠，郭伟，凌旭，2009. 消费者品牌信任结构的研究 [J]. 时代经贸：
下旬 (4)：2, 25-26.

卫佳，2014. 顾客契合理论对酒店营销的启示 [J]. 现代经济信息
(8X)：106.

魏相杰，2017. 品牌真实性对品牌推崇的影响研究：品牌认同和环保自我
担当的作用 [D]. 泉州：华侨大学.

魏小安，韩健民，2003. 旅游强国之路 [M]. 北京：中国旅游出版社.

邬金涛，窦文宇，邵丹，2015. 互动广告中的顾客创新体验对其品牌态度及
行为倾向的影响 [J]. 管理学季刊 (1)：102-121.

吴光锡，2013. 旅游真实性感知对旅游者心流体验的影响研究：以厦门市
同安区五峰村为例 [D]. 厦门：厦门大学.

吴丽霞，赵现红，2011. 入境旅游者目的地选择影响因素及地域差异研究

［J］. 地域研究与开发, 30（002）: 105-109.

吴育标, 冯国荣, 2014. 西江千户苗寨研究 ［M］. 北京: 人民出版社.

吴宗佑, 吴华萍, 连健翔, 等, 2013. 价格, 服务人员正向情绪表达, 品牌知名度, 及顾客忠诚度之关系: 期望失验理论的运用 ［J］. 顾客满意学刊, 9（2）: 215-245.

伍汐, 2017. 旅游目的地原真性对游客契合的影响研究: 以品牌依恋为中介变量 ［D］. 福州: 福州大学.

席仲恩, 汪顺玉, 2007. 论负克伦巴赫 alpha 系数和分半信度系数 ［J］. 重庆邮电大学学报（自然科学版）, 19（6）: 785-787.

夏江, 2020. 疫情防控彰显中国特色社会主义制度优势 ［J］. 各界 (8): 13.

肖舒, 2014. 论杜诗中的地方感 ［D］. 南昌: 江西师范大学.

谢礼珊, 彭家敏, 王帅, 2009. 旅游预订网站顾客所感知的关系利益对顾客忠诚感的影响: 兼论替代者吸引力的调节作用 ［J］. 旅游科学, 23（5）: 50-58.

谢礼珊, 韩小芸, 顾赞, 2007. 服务公平性、服务质量、组织形象对游客行为意向的影响: 基于博物馆服务的实证研究 ［J］. 旅游学刊, 22（12）: 51-58.

谢礼珊, 李健仪, 2007. 导游服务质量、游客信任感与游客行为意向关系研究 ［J］. 旅游科学, 21（4）: 43-48.

谢彦君, 2006. 旅游体验研究一种现象学的视角 ［M］. 天津: 南开大学出版社.

谢毅, 彭泗清, 2014. 品牌信任和品牌情感对口碑传播的影响: 态度和态度不确定性的作用 ［J］. 管理评论, 26（2）: 12. 80-91.

熊承清, 许远理, 2009. 生活满意度量表中文版在民众中使用的信度和效度 ［J］. 中国健康心理学杂志 (8): 948-949.

熊红星, 张璟, 郑雪, 2021. 方法影响结果? 方法变异的本质 ［J］. 影响及控制 (3): 195-199.

熊元斌, 吕丹, 2014. 旅游地品牌认同与旅游者忠诚关系的实证研究框架建构 ［J］. 武汉商学院学报, 28（6）: 5-10.

徐金发, 龚杨达, 刘志刚, 2005. 企业声誉对顾客忠诚的作用机制研究

[J]. 外国经济与管理, 7 (1): 44-50.

徐伟, 王新新, 2011. 旅游真实性感知及其与游客满意、行为意向的关系: 以古村落旅游为例 [J]. 经济管理 (4): 7, 111-117.

徐燕, 洪燕云, 2012. 常州旅游目的地品牌建设路径探析 [J]. 河北旅游职业学院学报, 17 (3): 27-30.

荀洪景, 刘化侠, 田芝丽, 2012. 负性行为问卷中文版信度、效度初步检验 [J]. 中国护理管理, 12 (6): 21-24.

鄢志武, 谢云虎, 田琪, 等, 2020. 负面报道对旅游目的地信任的影响: 基于性格特征与感知背叛的分析 [J]. 湖北农业科学, 59 (1): 164-169.

阳林, 2006. 服务业顾客忠诚的驱动因素研究 [J]. 商业研究, 24 (4): 170-173

杨萍, 李桂华, 黄磊, 2020. 员工品牌契合的概念、结构与测量研究 [J]. 管理学报 (1): 85-93.

杨天祥, 2019. 千户苗寨: 天下西江 [J]. 家庭科技 (11): 56-56.

杨围围, 乌恩, 2014. 基于游客存在主义真实性价值诉求实现的旅游产品规划方法研究 [J]. 北京第二外国语学院学报, 36 (7): 33-39.

杨勇, 朱星霖, 2020. 文化对旅游目的地竞争力的影响机制研究: 来自近十年研究文献的证据与分析 [J]. 上海商学院学报, 21 (1): 63-74.

杨政宁, 2019. 黔东南民族村寨旅游精准扶贫研究 [J]. 经济研究导刊 (19): 161-164.

姚延波, 陈增祥, 贾玥, 2013. 游客对目的地的信任: 维度及其作用 [J]. 旅游学刊, 28 (4): 48-56.

游佳, 2011. 民族旅游中游客的真实性感知与实际情形的差异分析 [J]. 安徽文学 (下半月) (5): 11-12.

于春玲, 郑晓明, 孙燕军, 等, 2004. 品牌信任结构维度的探索性研究 [J]. 南开管理评论, 7 (2): 6, 12-19.

余意峰, 刘美华, 张春燕, 2014. 基于目的地属性感知的旅游者忠诚度影响机制 [J]. 经济地理, 34 (8): 6, 167-172.

袁登华, 2007. 品牌信任研究脉络与展望 [J]. 心理科学, 30 (2): 434-437.

张安民, 2019. 特色小镇旅游获益感知对居民参与的影响: 基于政治信任

的调节效应 [J]. 湖北农业科学, 58 (13): 184-189.

张成琳, 董林峰, 乔琳, 2020. 旅游情景中网站特征对旅游行为意向的影响研究: 基于心流体验的中介效应 [J]. 资源开发与市场, 36 (1): 6.

张丹, 2018. 旅游目的地形象与游客自我概念一致性对旅游意向的影响 [D]. 重庆: 重庆交通大学.

张迪, 王雨桐, 刘婷, 等, 2017. 基于真实性理论的志愿者旅游探究: 以云南丽江为例 [J]. 特区经济, 347 (12): 96-97.

张涵, 康飞, 2016. 基于bootstrap的多重中介效应分析方法 [J]. 统计与决策 (5): 4, 75-78.

张红娜, 2018. 旅游虚拟社区顾客契合的前置因素以及对顾客忠诚的影响研究 [D]. 郑州: 郑州大学.

张虹, 2019. 城市旅游服务中心地方感与无地方发展研究 [D]. 南京: 东南大学.

张辉, 陈晔, 2017. 品牌契合对品牌关系质量和重购意向的影响 [J]. 旅游学刊, 32 (4): 11.

张辉, 白长虹, 牛振邦, 2013. 顾客契合研究前沿探析 [J]. 管理学季刊, 10 (1): 138-162.

张辉, 陈晔, 2017. 品牌契合对品牌关系质量和重购意向的影响 [J]. 旅游学刊, 32 (4): 43-53.

张金悦, 韩枫, 刘爱静, 等, 2019. 旅游 APP 用户体验对大学生旅游满意度的影响研究: 基于用户满意度和旅游决策的中介效应 [J]. 中国商论 (20): 3, 69-71.

张婧, 2016. 民俗文化视角下贵州西江千户苗寨旅游资源开发 [D]. 武汉: 华中师范大学.

张坤, 2018. 旅游目的地信任、旅游幸福感与游客忠诚的关系研究 [D]. 长沙: 湖南师范大学.

张力为, 2002. 信度的正用与误用 [J]. 北京体育大学学报, 25 (3): 348-350.

张位锋, 2018. 试析旅游目的地品牌忠诚度与整体印象影响因素: 以新疆昌吉州为例 [J]. 全国流通经济 (9): 65-66.

张翔，杨桂华，祝霞，等，2015. 苗族原生态文化村寨旅游者动机及开发策略：以西江千户苗寨为例［J］. 贵州民族研究，36（4）：144-147.

张亚竞，2016. 网络购物中仿冒品的识别与测量［D］. 济南：山东大学.

张中华，文静，李瑾，2008. 国外旅游地感知意象研究的地方观解构［J］. 旅游学刊，23（3）：43-49.

赵威，2019. 经济酒店顾客体验对顾客重购意愿的影响研究：品牌依恋和品牌信任的中介作用［D］. 北京：北京交通大学.

赵璇，2013. 团队旅游中的顾客间互动对顾客公民行为影响的实证研究［D］. 沈阳：东北大学.

郑艳星，胡卫伟，2020. 浅析常态化疫情防控下国内周边游发展对策：以浙江省为例［J］. 江苏商论（11）：59-61.

周浩，龙立荣，2004. 共同方法偏差的统计检验与控制方法［J］. 心理科学进展（6）：942-950.

周佳梅，姜洪涛，章锦河，等，2016. 不同时间尺度下旅游者重游意愿的影响机制研究：以西塘古镇为例［J］. 河北林果研究，31（3）：301-307.

周年兴，沙润，2001. 旅游目的地形象的形成过程与生命周期初探［J］. 地理学与国土研究，17（1）：55-58.

周亚庆，吴茂英，周永广，等，2017. 旅游研究中的"真实性"理论及其比较［J］. 旅游学刊（6）：42-47.

朱峰，王江哲，王刚，2015. 游客地方依恋、满意度与重游意愿关系研究：求新求异动机的调节作用［J］. 商业研究（10）：180-187.

朱洁，薛云建，2012. 基于品牌信任角度的消费者-品牌关系研究：以学生电脑消费市场为例［J］. 企业研究（10）：6，45-50.

朱凌玲，2020. 新冠肺炎后我国旅游产业的振兴问题探析［J］. 管理观察，767（24）：87-88.

左剑虹，2001. 浅谈旅游者在旅行中的艺术体验［J］. 桂林旅游高等专科学校学报，12（4）：41-43.

AAKER D A, 1991. Justifying brand building［J］. Advertising age, 62（39）：11-32.

ABRAMS L C, CROSS R, LEVIN L D Z, 1991. Nurturing interpersonal trust in knowledge – sharing networks ［J］. Academy of management executive, 17 (4): 64-77.

ALLOZA A, 2008. Brand engagement and brand experience at BBVA, the transformation of a 150 years old company ［J］. Corporate reputation review, 11 (4): 371-379.

ALTUNEL M C, ERKURT B, 2015. Cultural tourism in Istanbul: the mediation effect of tourist experience and satisfaction on the relationship between involvement and recommendation intention ［J］. Journal of destination marketing & management, 4 (4): 213-221.

BACKMAN S J, SHINEW K J, 1994. The composition of source and activity loyalty within a public agency's golf operation ［J］. Journal of park & recreation administration, 4 (1): 1-18.

BACKMAN S J, CROMPTON J L, 1991. Differentiating between high, spurious, latent, and low loyalty participants in two leisure activities ［J］. Journal of park & recreation administration, 9: 1-17.

BALOGLU S, 2001. An investigation of a loyalty typology and the multidestination loyalty of international travelers ［J］. Tourism analysis, 6 (1): 41-52.

BAN O, HATOS A, DROJ L, et al., 2021. Investigating the image of the behavior tourist destination among romanians in the context of increasing economic indicators of tourist activity ［J］. Sustainability, 13 (16): 1-13.

BENNETT P D, HARRELL G D, 1975. Role of confidence in understanding and predicting buyers' attitudes and purchase intentions ［J］. Journal of consumer research oxford academic, 2 (2): 110-117.

BEVERLAND M B, LINDGREEN A, VINK M W, 2008. Projecting authenticity through advertising: consumer judgments of advertisers' claims ［J］. Journal of advertising, 37 (1): 5-15.

BIESANZ J C, WEST S G, 2010. Towards understanding assessments of the big five: multitrait – multimethod analyses of convergent and discriminant validity across measurement occasion and type of observer ［J］. Journal of personality, 72 (4): 845-876.

BIGNE E, CURRAS-PEREZ R, ALDAS-MANZANO J, 2012. Dual nature of cause-brand fit: influence on corporate social responsibility consumer perception [J]. European journal of marketing, 46 (3-4): 575-594.

BLAIN C, LEVY S E, RITCHIE J B, 2005. Destination branding: insights and practices from destination management organizations [J]. Journal of travel research, 43 (4): 328-338.

BLATTBERG R C, PETER P, SEN S K, 1976. Purchasing strategies across product categories [J]. Journal of consumer research (3): 143-154.

BOO S, BUSSER J, BALOGLU S, 2009. A model of customer-based brand equity and its application to multiple destinations [J]. Tourism management, 30 (2): 219-231.

BRAKUS J J, SCHMITT B H, ZARANTONELLO L, 2009. Brand experience: what is it? how is it measured? does it affect loyalty? [J]. Journal of marketing, 73 (3): 52-68.

BRODIE R J, HOLLEBEEK L D, JURIC B, et al. Customer engagement: conceptual domain, fundamental propositions, and implications for research [J]. Journal of service research, 2011, 17 (3): 1-20.

BRODIE R J, HOLLEBEEK L D, JURIC B, 2011. Customer engagement: conceptual domain, fundamental propositions and implications for research [J]. Journal of service research, 14 (3): 252-271.

BENDAPUDI N, LEONE R P, 2003. Psychological implications of customer participation in co-production [J]. Journal of marketing, 67 (1): 14-28.

BROWN B B, PERKINS D D, 1992. Disruptions in place attachment [M]. New York: Plenum Press.

BRUHN M, SCHOENMÜLLER V, SCHÄFER D, 2012. Brand authenticity: towards a deeper understanding of its conceptualization and measurement [J]. Advances in consumer research, 40 (1): 567-576.

BRUNER E M, 1994. Abraham Lincoln as authentic reproduction [J]. American anthropologist, 96 (2): 397-415.

BUHALIS D, 2000. Tourism and information technologies: past, present and future [J]. Tourism recreation research, 25 (1): 41–58.

C C FRANGOS, KARAPISTOLIS D, STALIDIS G, et al., 2015. Tourist loyalty is all about prices, culture and the sun: a multinomial logistic regression of tourists visiting athens [J]. Procedia – social and behavioral sciences, 175: 32–38.

CE MAL ZEHIR, AZIZE AHIN, 2011. The effects of brand communication and service quality in building brand loyalty through brand trust: the empirical research on global brands [J]. Procedia – social and behavioral sciences, 24 (1): 1218–1231.

CHATHOTH P K, UNGSON G R, HARRINGTON R J, et al., 2016. Co-creation and higher order customer engagement in hospitality and tourism services: a critical review [J]. International journal of contemporary hospitality management, 28 (2): 222–245.

CHAUDHURI A, HOLBROOK M B. The chain of effects from brand trust and brand affect to brand performance: the role of brand loyalty [J]. Journal of marketing, 2001, 65 (2): 81–93.

CHAUDHURI A, HOLBROOK M B, 2002. Product–class effects on brand commitment and brand outcomes: the role of brand trust and brand affect [J]. Journal of brand management, 10 (1): 33–58.

CHEN C F, TSAI D C, 2007. How destination image and evaluative factors affect behavioral intentions? [J]. Tourism management, 28 (4): 1115–1122.

CHI G Q, QU H, 2008. Examining the structural relationships of destination image, tourist satisfaction and destination loyalty: an integrated approach [J]. Tourism management, 29 (4): 624–636.

CLARK K D, MAGGITTI P G, 2012. TMT potency and strategic decision making in high technology firms [J]. Journal of management studies, 49 (7): 1168–1193.

COHEN E. Authenticity and commoditization in tourism [J]. Annals of tourism research, 1988a, 15 (3): 371–386.

DE LGADO – BALLESTER, ELENA, MUNUERA – ALEMÁN, et al., 2001. Brand trust in the context of consumer loyalty [J]. European journal of marketing, 12: 112-131.

DEDEOĞLU B B, NIEKERK M V, WEINLAND J, 2019. Re-conceptualizing customer-based destination brand equity [J]. Journal destination marketing management, 11 (1): 211-230.

DELGADO-BALLESTER E, 2003. Development and validation of a brand trust scale [J]. International journal of market research, 45 (1): 335-353.

DICK A S, BASU K, 1994. Customer loyalty: toward an integrated conceptual framework [J]. Journal of the academy of marketing science, 22 (2): 99-113.

DICKINSON J E, ROBBINS D, 2007. Using the car in a fragile rural tourist destination: a social representations perspective [J]. Journal of transport geography, 15 (2): 116-126.

DOORN J V, LEMON K N, MITTAL V, 2010. Customer engagement behavior: the oretical foundations and research directions [J]. Journal of service research, 13 (3): 253-266.

EKINCI Y, HOSANY S, 2006. Destination personality: an application of brand personality to tourism destinations [J]. Journal of travel research, 45 (2): 127-139.

EUSÉBIO C, VIEIRA A L, 2013. Destination attributes' evaluation, satisfaction and behavioural intentions: a structural modelling approach [J]. International journal of tourism research, 15 (1): 66-80.

F DAYOUR, 2014. Are backpackers a homogeneous segment? a study of backpackers' motivations in the cape coast-elmina conurbation, Ghana [J]. Tourism, 4 (3): 69-94.

FAM K S, FOSCHT T, COLLINS R D, 2004. Trust and the online relationship: an exploratory study from New Zealand [J]. Tourism management, 25 (2): 195-207.

FILO K R, FUNK D C, ALEXANDRIS K, 2008. Exploring the role of brand trust in the relationship between brand associations and brand loyalty in sport and fitness [J]. International journal of sport management and marketing, 3 (1): 39-57.

FRANCE C, MERRILEES B, MILLER D, 2016. An integrated model of customer-brand engagement: Drivers and consequences [J]. Journal of brand management, 23 (2): 119-136.

FRITZ K, SCHOENMUELLER V, BRUHN M, 2017. Authenticity in branding-exploring antecedents and consequences of brand authenticity [J]. European journal of marketing, 51 (2): 324-348.

FU X, 2019. Existential authenticity and destination loyalty: evidence from heritage tourists [J]. Journal of destination marketing & management, 12: 84-94.

GABE T M, LYNCH C P, JR J C M, 2006. Likelihood of cruise ship passenger return to a visited port: the case of Bar Harbor, Maine [J]. Journal of travel research, 44 (3): 281-287.

GIULIANI M V, FELDMAN R, 1993. Place attachment in a developmental and cultural context [J]. Journal of environmental psychology, 13 (2): 267-274.

GRAYSON K, MARTINEC R, 2004. Consumer perceptions of iconicity and indexicality and their influence on assessments of authentic market offerings [J]. Journal of consumer research, 31 (2): 296-312.

GUERHAN-CANLI Z, BATRA R, 2004. When corporate image affects product evaluations: the moderating role of perceived risk [J]. Journal of marketing research, 41 (2): 197-205.

GW CHEUNG, LAU R S, 2008. Testing mediation and suppression effects of latent variables: bootstrapping with structural equation models [J]. Organizational research methods, 11 (2): 296-325.

HANKINSON, GRAHAM, 2004. Relational network brands: towards a conceptual model of place brands [J]. Journal of vacation marketing, 10 (2): 109-121.

HANKINSON G, 2004. The brand images of tourism destinations: a study of the saliency of organic images [J]. Journal of product & brand management, 13 (1): 6-14.

HARMAN D, 1967. A single factor test of common method variance [J]. The journal of psychology interdisciplinary and applied, 35: 359-378.

HARRIGAN P, EVERS U, MILES M, 2017. Customer engagement with tourism social media brands [J]. Tourism management, 59 (1): 597-609.

HOLLEBEEK L D, GLYNN M S, BRODIE R J, 2014. Consumer brand engagement in social media: conceptualization, scale development and validation [J]. Journal of interactive marketing, 28 (2): 149-165.

HOLLEBEEK L D, 2011. Demystifying customer brand engagement: exploring the loyalty nexus [J]. Journal of marketing management, 27 (8): 785-807.

HOLLEBEEK L D, SRIVASTAVA R K, CHEN T, 2016. S-d logic-informed customer engagement: integrative framework, revised fundamental propositions, and application to crm [J]. Journal of the academy of marketing science, 47L161-185.

HUGHES G, 1995. Authenticity in tourism [J]. Annals of tourism research, 22 (4): 781-803.

HUMMON D M, 1992. Community attachment - local sentiment and sense of place [J]. Human behavior & environment advances in theory & research, 12: 253-278.

HYUN H, PARK J K, YOO W S, 2019. Luxury brand equity in online channel: the moderating effect of brand trust [J]. Asia marketing journal, 21 (2): 99-115.

ILICIC J, WEBSTER C M, 2014. Investigating consumer-brand relational authenticity [J]. Journal of brand management, 21 (4): 342-363.

IZOGO, EMEKA E, 2016. Should relationship quality be measured as a dis-aggregated or a composite construct? [J]. Management research review, 39 (1): 115-131.

KLADOU S, KAVARATZIS M, RIGOPOULOU I, 2017. The role of brand elements in destination branding [J]. Journal destination marketing management,

6 (4): 426-435.

KOLAR T, ZABKAR V, 2010. A consumer-based model of authenticity: an oxymoron or the foundation of cultural heritage marketing? [J]. Tourism management, 31 (5): 652-664.

KONECNIK M, RUZZIER M, 2006. The influence of previous visitation on customer's evaluation of a tourism destination [J]. Managing global transitions, 4 (2): 145-165.

KOSTER R, 2008. Mural-based tourism as a strategy for rural community economic development [J]. Advances in culture tourism & hospitality research, 2 (8): 153-292.

LAU G T, LEE S H, 1999. Consumers' trust in a brand and the link to brand loyalty [J]. Journal of market-focused management, 4 (4): 341-370.

LAWRENCE, CHRISSIE, 2006. Meat strategy to match the needs of customers [J]. Farmers weekly, 145 (18): 49.

LEE J, 2003. Examining the antecedents of loyalty in a forest setting: relationships among service quality, satisfaction, activity involvement, place attachment, and destination loyalty (Oregon) [D]. State College: The Pennsylvania State University.

LEE J H, LEE J M, LEE J H, 2018. The effects of brand fit of sports brand collaboration products on brand identification, brand attitude and purchase intention [J]. Journal of sport and leisure studies, 12: 171-192.

LI M, CAI L A, LEHTO X Y, et al. Taylor & francis online: a missing link in understanding revisit intention—the role of motivation and image [J]. Journal of travel & tourism marketing, 27 (4): 113-123.

LITVIN S W, GOLDSMITH R E, PAN B, 2008. Electronic word-of-mouth in hospitality and tourism management [J]. Tourism management, 29 (3): 458-468.

MACCANNELL D, 1973. Staged authenticity: arrangements of social space in tourism [J]. American journal of sociology, 79 (3): 589-603.

MCALLISTER D J, 1995. Affect- and cognition-based trust as foundations for interpersonal cooperation in organizations ［J］. The academy of management journal, 38（1）: 24-59.

MICHAEL B, REVERLAND, 2006. Crafting brand authenticity: the case of luxury wines ［J］. Operations research, 34: 2481-2490.

MIRBAGHERI S A, NAJMI M, 2019. Consumers' engagement with social media activation campaigns: construct conceptualization and scale development ［J］. Psychology and marketing, 12: 431-430.

MOLLEN A, WILSON H, 2010. Engagement, telepresence and interactivity in online consumer experience: reconciling scholastic and managerial perspectives-sciencedirect ［J］. Journal of business research, 63（9-10）: 919-925.

MORHART F, MALÄR L, 2015. Brand authenticity: an integrative framework and measurement scale ［J］. Journal of consumer psychology, 25（2）: 200-218.

NAPOLI J, DICKINSON S J, BEVERLAND M B, 2014. Measuring consumer-based brand authenticity ［J］. Journal of business research, 67（6）: 1090-1098.

NEWMAN G E, DHAR R, 2014. Authenticity is contagious: brand essence and the original source of production ［J］. Journal of marketing research, 51（3）: 371-386.

NING W, 1999. Rethinking authenticity in tourism experience ［J］. Annals of tourism research, 26（2）: 349-370.

NUNKOO R, RAMKISSOON H, GURSOY D, 2012. Public trust in tourism institutions ［J］. Annals tourism research, 39（3）: 1538-1564.

OLIVER R L, 1980. A cognitive model of the antecedents and consequences of satisfaction decisions ［J］. Journal of marketing research, 17（4）: 460-469.

OLIVER R L, 1999. Whence consumer loyalty ［J］. Journal of marketing, 63（4）: 33-44.

PATTERSON P, JOHNSON L, SPRENG R, 1997. Modeling the determinants of customer satisfaction for business-to-business professional services ［J］. Journal of the academy of marketing science, 25（1）: 4-17.

PEARCE P L, KANG M H, 2009. The effects of prior and recent experience on continuing interest in tourist [J]. Annals of tourism research, 36 (2): 172-190.

PODSAKOFF P M, MACKENZIE S B, LEE J Y, et al., 2003. Common method biases in behavioral research: a critical review of the literature and recommended remedies [J]. Journal of applied psychology, 88 (5): 879-903.

POUR S A, EGBALI N, NOSRAT A B, 2011. Advantages and harms caused by development rural tourism (case study of rural semnan province) [J]. Australian journal of basic & applied sciences, 5 (12): 1602-1612.

R C, Z Z, G Z, 2020. The impact of destination brand authenticity and destination brand self-congruence on tourist loyalty: the mediating role of destination brand engagement [J]. Journal of destination marketing & management, 15 (1): 1-10.

RAMSEOOK-MUNHURRUN P, SEEBALUCK V N, NAIDOO P, 2015. Examining the structural relationships of destination image, perceived value, tourist satisfaction and loyalty: case of mauritius [J]. Procedia - social and behavioral sciences, 175: 252-259.

REISINGER Y, STEINER C J, 2006. Reconceptualizing object authenticity [J]. Annals of tourism research, 33 (1): 65-86.

RELPH E, 1976. Place and placelessness [M]. London: Pion.

REMPEL J K, HOLMES J G, ZANNA M P, 1985. Trust in close relationships [J]. Journal of personality & social psychology, 49 (1): 95-112.

RITCHIE J R B, 1998. The branding of tourism destination: past achievements and future challenges [M]. West Berlin and Heiolelberg: Springer International Publishing.

REVERLAND M B, 2006. Crafting brand authenticity: the case of luxury wines [J]. Operations research, 46 (1): 49-50.

SANTALA M, PARVINEN P, 2007. From strategic fit to customer fit [J]. Management decision, 45 (3): 582-601.

SCHALLEHN M, BURMANN C, RILEY N, 2014. Brand authenticity: model development and empirical testing [J]. The journal of product and brand management, 23 (3): 192-199.

SCOTT C L, 1980. Interpersonal trust: a comparison of attitudinal and situational factors [J]. Human relations, 33 (11): 805-812.

SO K K F, KING C, SPARKS B A, 2016. The role of customer engagement in building consumer loyalty to tourism brands [J]. Journal of travel research, 55 (1): 64-78.

SPECTOR P E, BRANNICK M T, 2011. Methodological urban legends: the misuse of statistical control variables [J]. Organizational research methods, 14 (2): 287-305.

STEINER C J, REISINGER Y, 2006. Understanding existential authenticity [J]. Annals of tourism research, 33 (2): 299-318.

STERN B, 1994. Authenticity and the textual persona: postmodern paradoxes in advertising narrative [J]. International journal of research in marketing, 11 (4): 387-400.

TAI S L, TAE-HEE L, 2018. A study of the effect of perceived authenticity of a myanmar cultural heritage site on foreign tourists' visit satisfaction [J]. International journal of tourism and hospitality research, 32: 33-39.

TANG Y, QI Q, LIN M U, et al., 2017. Psychology and behavior mechanism of customer online interactive support: in the perspective of social support [J]. Advances in psychological science, 25 (6): 912-921.

TASCI A D, KNUTSON B J, 2004. An argument for providing authenticity and familiarity in tourism destinations [J]. Journal of hospitality & leisure marketing, 11 (1): 85-109.

TAYLOR J P, 2001. Authenticity & sincerity in tourism [J]. Annals of tourism research, 28 (1): 7-26.

TRILLING L, 1972. Sincerity and authenticity [J]. Modern language review, 70 (1): 87-110.

TUAN Y F, 1978. Space and place: the perspective of experience [J]. Leonardo, 68 (3): 251.

VAN DOORN J, LEMON K N, MITTAL V, 2010. Customer engagement behavior: the oretical foundations and research directions [J]. Journal of service research, 13 (3): 253-266.

VERHOEF P C, REINARTZ W J, KRAFFT M, 2010. Customer engagement as a new perspective in customer management [J]. Journal of service research, 13 (3): 247-252.

VIRTO N R, PUNZÓN J G, LÓPEZ M F B, 2019. Perceived relationship investment as a driver of loyalty: the case of conimbriga monographic museum [J]. Journal destination marketing management, 11 (1): 23-31.

VIVEK S D, 2009. A scale of consumer engagement [M]. Alabama: The University of Alabama.

WALTER A, 2003. Relationship - specific factors influencing supplier involvement in customer new product development [J]. Journal of business research, 56 (9): 721-733.

WANG N, 1996. Rethinking authenticity in tourism experience [J]. Annals of tourism research, 26 (2): 349-370.

WANG Y, FESENMAIER D R, 2004. Towards understanding members' general participation in and active contribution to an online travel community [J]. Tourism management, 25 (6): 709-722.

WILLIAMS D R, ROGGENBUCK J W, 1989. Measuring place attachment: some preliminary results paper presented at the NRPA symposium [J]. Leisure research, 13 (2): 42-45.

WOBER K, GRETZEL U, 2000. Tourism managers' adoption of marketing decision support systems [J]. Journal of travel research, 39 (2): 172-181.

WRIGHT, JOHN K, 1947. Terrae incognitae: the place of the imagination in geography [J]. Annals of the association of American geographers, 37 (1): 1-15.

YAGIL D, MEDLER-LIRAZ H, 2013. Service employees' trait authenticity and customer satisfaction [J]. Research on emotion in organizations, 9: 169-185.

YI X, FU X, YU L, et al., 2018. Authenticity and loyalty at heritage sites: the moderation effect of postmodern authenticity [J]. Tourism management, 67 (8): 411-424.

YOON Y, UYSAL M, 2005. An examination of the effects of motivation and satisfaction on destination loyalty: a structural model [J]. Tourism management, 26 (1): 45-56.

附录 A

西江千户苗寨旅游者基本情况问卷调查

尊敬的游客：

您好！您辛苦了！非常感谢您在百忙之中参与本次学术问卷调研！我是正大管理学院博士研究生张洁，我正在写一篇关于目的地品牌真实性对旅游者忠诚度的影响机制研究的博士论文，现有如下相关的问题想向您咨询。您的支持和帮助对于我完成本次研究具有重要的意义。问卷的回答无对错之分，只需要您根据个人的真实情况进行回答即可。此外，本人向您郑重承诺，在问卷填写中您提供的一切信息都仅限于学术研究使用，绝不用于其他任何用途，绝不向任何人披露您的任何个人信息。以下问卷大约占用您 10~15 分钟时间，再次感谢您的帮助和支持！

第一部分：请填写您的基本信息（数据仅用于描述样本总体）

1. 您的性别：　　[1] 男　　[2] 女
2. 您的年龄：　　[1] 18 岁以下　　[2] 18~25 岁　　[3] 26~30 岁
　　　　　　　　[4] 31~40 岁　　[5] 41~50 岁　　[6] 51~60 岁
　　　　　　　　[7] 60 岁以上
3. 您的受教育状况：[1] 高中及以下　　[2] 大专学历　　[3] 本科学历
　　　　　　　　　[4] 研究生及以上
4. 您的工作年限：[1] 1 年及以下　　[2] 1~3 年　　[3] 3~6 年
　　　　　　　　[4] 6 年及以上
5. 您的税前月收入：[1] 3 000 元以下　　[2] 3 000~5 000 元
　　　　　　　　　[3] 5 000~8 000 元　　[4] 8 000~12 000 元
　　　　　　　　　[5] 12 000 元以上
6. 您是否去过西江千户苗寨：[1] 是　　[2] 否
7. 您最近一次去西江千户苗寨是什么时候：　　　年　　　月

本次问卷调查结束，谢谢您的配合！

附录 B

调查问卷

尊敬的游客：

您好！您辛苦了！非常感谢您在百忙之中参与本次学术问卷调研！我是正大管理学院博士研究生张洁，我正在写一篇关于目的地品牌真实性对旅游者忠诚度的影响机制研究的博士论文，现有如下相关的问题想向您咨询。您的支持和帮助对于我完成本次研究具有重要的意义。对于问卷的回答无对错之分，只需要您根据个人的真实情况进行回答即可。此外，本人向您郑重承诺，在问卷填写中您提供的一切信息都仅限于学术研究使用，绝不用于其他任何用途，绝不向任何人披露您的任何个人信息。以下问卷大约占用您 10~15 分钟时间，再次感谢您的帮助和支持！

第一部分：目的地品牌真实性

以下是关于自己对西江千户苗寨目的地的真实性的描述，请表明您在多大程度上同意这些描述（在相应的数字上画钩"√"）

1 为非常不符合 — 5 为非常符合	1	2	3	4	5
1. 西江千户苗寨品牌是不朽的。	□	□	□	□	□
2. 西江千户苗寨品牌会一直存在。	□	□	□	□	□
3. 西江千户苗寨品牌是时尚的。	□	□	□	□	□
4. 西江千户苗寨品牌不会背叛旅游者。	□	□	□	□	□
5. 西江千户苗寨品牌信守其价值承诺。	□	□	□	□	□
6. 西江千户苗寨品牌是一个值得信赖的品牌。	□	□	□	□	□
7. 西江千户苗寨品牌会积极回馈消费者。	□	□	□	□	□

1 为非常不符合 — 5 为非常符合	1	2	3	4	5
8. 西江千户苗寨品牌具有道德原则。	☐	☐	☐	☐	☐
9. 西江千户苗寨品牌有道德价值观。	☐	☐	☐	☐	☐
10. 西江千户苗寨品牌重视消费者。	☐	☐	☐	☐	☐
11. 西江千户苗寨品牌使人们的生活更加有意义。	☐	☐	☐	☐	☐
12. 西江千户苗寨品牌迎合了人们所关心的重要价值观。	☐	☐	☐	☐	☐
13. 西江千户苗寨品牌将人们与真实的自我联系起来。	☐	☐	☐	☐	☐
14. 西江千户苗寨品牌将人们与真正重要的事物联系来。	☐	☐	☐	☐	☐

第二部分：目的地品牌契合度

以下是关于自己对目的地品牌契合度的描述，请表明您在多大程度上同意这些描述（在相应的数字上画钩"√"）。

1 为非常不符合 — 5 为非常符合	1	2	3	4	5
1. 西江千户苗寨品牌会抓住我的眼球。	☐	☐	☐	☐	☐
2. 在旅行的时候，我会回想起这个目的地品牌。	☐	☐	☐	☐	☐
3. 在前往西江千户苗寨路途中，激发我更多的兴趣。	☐	☐	☐	☐	☐
4. 到访西江千户苗寨品牌时，我会产生强烈的积极情绪。	☐	☐	☐	☐	☐
5. 到访西江千户苗寨品牌时会让我很兴奋。	☐	☐	☐	☐	☐
6. 到访西江千户苗寨品牌时我有良好的感觉。	☐	☐	☐	☐	☐
7. 到访西江千户苗寨品牌时，激发出我的自豪感。	☐	☐	☐	☐	☐
8. 与其他目的地品牌相比，我更愿意在这里停留多余的时间。	☐	☐	☐	☐	☐
9. 当我在寻找目的地品牌时，我会第一时间想到西江千户苗寨。	☐	☐	☐	☐	☐
10. 西江千户苗寨是我经常到访的目的地品牌之一。	☐	☐	☐	☐	☐

第三部分：品牌信任

以下是关于目的地品牌信任的描述，请表明您在多大程度上同意这些描述（在相应的数字上画钩"√"）。

1 为非常不符合 — 5 为非常符合	1	2	3	4	5
1. 西江千户苗寨品牌让我有踏实感和信任感。	☐	☐	☐	☐	☐
2. 我知道西江千户苗寨品牌会对它的行为负责的。	☐	☐	☐	☐	☐
3. 我觉得西江千户苗寨品牌是值得信赖的。	☐	☐	☐	☐	☐
4. 西江千户苗寨品牌的实际表现符合我的预期。	☐	☐	☐	☐	☐
5. 我感觉西江千户苗寨品牌是很有诚信的。	☐	☐	☐	☐	☐

第四部分：重游意愿和推荐意愿

以下是关于对西江千户苗寨的重游和推荐意愿的描述，请表明您在多大程度上同意这些描述（在相应的数字上画钩"√"）

1 为非常不符合 — 5 为非常符合	1	2	3	4	5
1. 我期待再次来这个目的地。	☐	☐	☐	☐	☐
2. 我认为下一次来到这个目的地会有更好的体验。	☐	☐	☐	☐	☐
3. 我一定会再次来这个目的地游玩。	☐	☐	☐	☐	☐
4. 我会让我的亲朋好友来游玩西江千户苗寨。	☐	☐	☐	☐	☐
5. 我会在网络上和其他人谈论西江千户苗寨。	☐	☐	☐	☐	☐
6. 访问西江千户苗寨的经历是一个很自然、值得的网聊话题。	☐	☐	☐	☐	☐
7. 我不建议其他人在网络上访问西江千户苗寨。［反］	☐	☐	☐	☐	☐

本次问卷调查结束，谢谢您的合作！

后记

在完成《旅游目的地品牌真实性对旅游者忠诚度的影响机制研究》这本专著之际，我想借此机会向所有支持和帮助过我的人表达最诚挚的感谢。

首先，我要感谢我的导师在整个研究过程中给予我的指导和支持。导师的悉心指导和宝贵建议帮助我顺利完成这项研究工作。导师渊博的学识、严谨治学的态度和对学术研究的热爱都深深地影响着我，使我受益匪浅。

其次，我要感谢家人对我的支持和鼓励。在我遇到困难和挫折时，家人给予了我无私的关心和鼓励，使我能够有属于自己的时间，完成了这项研究工作。

最后，我要感谢所有参与本书研究的被调查者，感谢你们的配合和参与。没有你们的支持和参与，我无法获得有关旅游目的地品牌真实性与旅游者忠诚度之间影响机制的宝贵数据。

在这本书中，我试图通过对旅游目的地品牌真实性与旅游者忠诚度之间影响机制的研究，为旅游目的地品牌建设和旅游目的地发展提供一定的理论和实践指导。虽然在研究过程中遇到了一些困难和挑战，但我坚信这项研究对推动旅游行业的可持续发展具有重要的意义。

张洁

2023 年 8 月